3 por uno

REPASA 한국어판

A2

다락원

본문

UNIDADES Y TEXTOS DE ENTRADA
과 제목 및 도입 대화

각 과에서 다루게 될 주제를 단적으로 보여 주는 과 제목과 본격적인 학습에 들어가기에 앞서 제시되는 도입 대화문을 통해 배울 내용을 유추할 수 있습니다. 도입 대화의 한글 번역은 **부록**에서 확인할 수 있습니다.

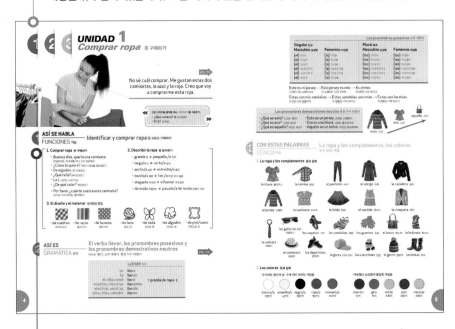

ASÍ ES
GRAMÁTICA 문법

주제와 관련된 문법을 알아보기 쉬운 도표 형식으로 정리하여 제공합니다. **부록**에서 해당 문법에 대한 개요를 통해 보충 설명을 제공합니다.

CON ESTAS PALABRAS
LÉXICO 어휘

그림과 사진 등 다양한 시각 자료와 함께 각 과에서 다루는 주제에 해당하는 주요 어휘를 학습합니다.

ASÍ SE HABLA
FUNCIONES 기능

각각의 주제에 해당하는 상황에서 입문 단계의 학습자가 대화를 시작하는 데 유용한 표현들을 한글 번역과 함께 제시하여 실제 상황에서 의사소통이 가능하게 합니다.

EJERCICIOS
연습 문제

각 과에서 학습한 **기능, 문법, 어휘**와 관련된 연습 문제를 직접 풀어 보면서 학습한 내용을 확인 및 복습할 수 있습니다.

학습의 최종 목표로 제시되는 AHORA TÚ 활동은 ❶ ❷ ❸에서 학습한 내용을 바탕으로 학습자 스스로 제시된 상황에 적절한 문장 및 표현을 구성하고 나아가 실제 상황에서 활용하는 것을 목표로 합니다.

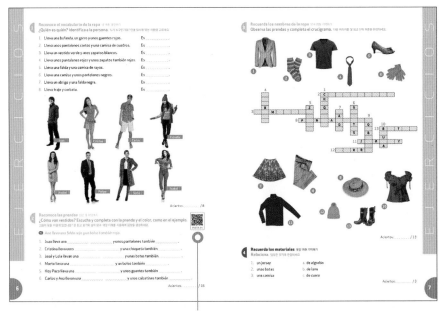

CÓDIGOS QR
QR 코드

듣기 연습 문제 풀이에 필요한 음성 파일을 QR 코드를 통해 바로 제공하여 학습에 편의를 제공합니다. 해당 MP3 파일은 다락원 홈페이지에서도 무료로 다운로드 받을 수 있습니다.

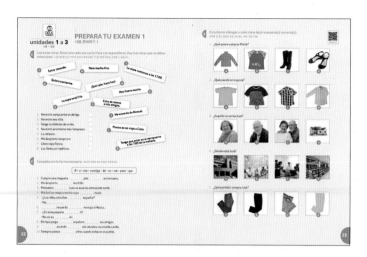

PREPARA TU EXAMEN
시험 준비하기

세 과를 마칠 때마다 나오는 PREPARA TU EXAMEN 에서는 DELE* 시험의 읽기와 듣기 영역에서 출제되는 동일한 유형의 연습 문제를 제시하여 시험을 앞둔 학습자가 실전에 대비할 수 있습니다. **부록**에서 듣기 대본과 읽기 지문에 대한 한글 번역을 제공합니다.

*DELE(Diploma de Español como Lengua Extranjera): 스페인 세르반테스 협회(Instituto Cervantes)가 주관하는 외국어로서의 스페인어 공인 자격증

부록

ESQUEMAS DE GRAMÁTICA
문법 개요

문법 개요에서는 앞에서 학습한 문법 내용을 한눈에 보기 쉽게 도표 형식으로 정리하여 배운 내용의 복습을 도우며, 보다 더 상세한 보충 설명을 예문 및 한글 번역과 함께 제공합니다.

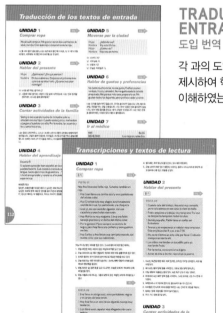

TRADUCCIÓN DE LOS TEXTOS DE ENTRADA
도입 번역

각 과의 도입 대화문과 한글 번역을 한눈에 볼 수 있도록 제시하여 학습자가 각 과에서 배운 주요 내용을 제대로 이해하였는지 확인할 수 있습니다.

TRANSCRIPCIONES Y TEXTOS DE LECTURA
듣기 대본 · 읽기 지문 번역

연습 문제의 듣기 대본과 읽기 문제의 지문에 대한 한글 번역을 제공하여 학습자가 풀이한 연습 문제의 내용을 상세하게 파악할 수 있습니다.

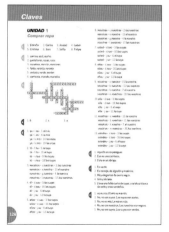

CLAVES
정답

각 과의 연습 문제 및 PREPARA TU EXAMEN에서 제공되는 실전 문제의 정답을 제공하여 문제 풀이를 통해 학습자가 배운 내용을 확인할 수 있습니다.

Índice 목차

ASÍ SE HABLA
FUNCIONES 기능

- Identificar y comprar ropa
  옷 고르고 구매하기
- Hablar del presente
  현재에 대해 말하기
- Preguntar por recuerdos
  추억에 대해 질문하기

- Hablar de actividades de aprendizaje
  학습 활동에 대해 말하기
- Dar indicaciones
  길 알려 주기
- Preguntar e informar sobre los gustos, las preferencias y las opiniones
  기호와 취향, 의견에 대해 질문하고 정보 제공하기

- Pedir cita con el médico
  의사와 진료 예약하기
- Hablar del carácter y comparar personas
  성격에 대해 말하고 사람들을 비교하기
- Hablar de aficiones y deportes
  취미와 운동에 대해 말하기

- Hablar de planes y de ideas futuras
  계획과 미래에 대한 생각 말하기
- Hablar de las actividades realizadas
  완료된 행동에 대해 말하기
- Describir personas, lugares y cosas en el pasado
  과거 시제로 사람과 장소, 사물 묘사하기

- Hablar de eventos pasados
  지난 사건들에 대해 말하기
- Pedir y dar indicaciones en la ciudad
  도시에서 길 묻고 알려주기
- Pedir y dar consejos
  조언 구하고 조언하기

UNIDAD 1
Comprar ropa 옷 구매하기

pág. 112

No sé cuál comprar. Me gustan estas dos camisetas, la azul y la roja. Creo que voy a comprarme esta roja.

신발 사이즈를 물어볼 때는 *número*를 사용한다.
- ¿Qué número? 몇 사이즈요?
- El 37. 37이요.

① ASÍ SE HABLA
FUNCIONES 기능 — Identificar y comprar ropa 옷 고르고 구매하기

1. Comprar ropa 옷 구매하기

- Buenos días, quería una camiseta.
  안녕하세요. 티셔츠를 하나 사고 싶은데요.
- ¿Cómo la quiere? 어떤 티셔츠를 원하세요?
- De algodón. 면 티셔츠요.
- ¿Qué talla? 사이즈는요?
- La L. 라지(L) 사이즈요.
- ¿De qué color? 색상은요?
- Por favor, ¿cuánto cuesta esta camiseta?
  저기요, 이 티셔츠는 얼마예요?

2. Describir la ropa 옷 묘사하기

- grande 큰 ≠ pequeño /a 작은
- largo/a 긴 ≠ corto/a 짧은
- ancho/a 넓은 ≠ estrecho/a 좁은
- bonito/a 예쁜 ≠ feo /a 추한 보기 싫은
- elegante 우아한 ≠ informal 캐주얼한
- de moda 유행하는 ≠ pasado/a de moda 유행이 지난

3. El diseño y el material 디자인과 옷감

- de cuadros 체크무늬의
- de rayas 줄무늬의
- de lunares 점무늬의
- de lana 울로 된
- de seda 실크로 된
- de algodón 면으로 된
- de piel/cuero 가죽으로 된

② ASÍ ES
GRAMÁTICA 문법 — El verbo *llevar*, los pronombres posesivos y los pronombres demostrativos neutros
llevar 동사, 소유 대명사, 중성 지시 대명사

pág. 104

LLEVAR 입다		
yo	llevo	
tú	llevas	
él, ella, usted	lleva	+ prenda de ropa 옷
nosotros, nosotras	llevamos	
vosotros, vosotras	lleváis	
ellos, ellas, ustedes	llevan	

Los pronombres posesivos 소유 대명사

Singular 단수		Plural 복수	
Masculino 남성형	**Femenino** 여성형	**Masculino** 남성형	**Femenino** 여성형
(el) mío	(la) mía	(los) míos	(las) mías
(el) tuyo	(la) tuya	(los) tuyos	(las) tuyas
(el) suyo	(la) suya	(los) suyos	(las) suyas
(el) nuestro	(la) nuestra	(los) nuestros	(las) nuestras
(el) vuestro	(la) vuestra	(los) vuestros	(las) vuestras
(el) suyo	(la) suya	(los) suyos	(las) suyas

Este es mi jersey. → Este jersey es mío. → Es el mío.
이것은 나의 스웨터이다.   이 스웨터는 나의 것이다.   (이것은) 나의 것이다.

Estas son mis sandalias. → Estas sandalias son mías. → Estas son las mías.
이것은 나의 샌들이다.   이 샌들은 나의 것이다.   이것들은 나의 것이다.

Los pronombres demostrativos neutros 중성 지시 대명사

- ¿Qué es esto? 이것은 뭐야?
- ¿Qué es eso? 그것은 뭐야?
- ¿Qué es aquello? 저것은 뭐야?

- Esto es un jersey. 이것은 스웨터야.
- Eso es una blusa. 그것은 블라우스야.
- Aquello es un bolso. 저것은 핸드백이야.

aquello 저것

eso 그것

esto 이것

③ CON ESTAS PALABRAS
LÉXICO 어휘

La ropa y los complementos, los colores
옷과 잡화, 색깔

1. La ropa y los complementos 옷과 잡화

 la blusa 블라우스

 la camisa 남방

 el pantalón 바지

 el abrigo 외투

 la cazadora 점퍼

 el jersey 스웨터

 la camiseta 티셔츠

 la falda 치마

 el vestido 원피스

 la chaqueta 재킷

 las gafas de sol 선글라스

 los zapatos 구두

 las sandalias 샌들

 los guantes 장갑

 el bolso 핸드백   la bufanda 목도리

 la corbata 넥타이

 el sombrero 중절모

 las deportivas 운동화

 la gorra 야구 모자

 los calcetines 양말

 el gorro 털모자

 las botas 부츠

2. Los colores 옷과 잡화

- 수식하는 명사의 성·수에 따라 바뀌는 색깔들

 blanco/a 하얀색

 amarillo/a 노란색

 negro/a 검은색

rojo/a 빨간색

morado/a 보라색

- 여성형과 남성형이 동일한 색깔들

 marrón 밤색

 gris 회색

verde 초록색

 azul 파랑색

naranja 주황색

1 **Reconoce el vocabulario de la ropa** 옷 어휘 확인하기

¿Quién es quién? Identifica a la persona. 누가 누구인가요? 인물 묘사에 맞는 사람을 고르세요.

1. Lleva una bufanda, un gorro y unos guantes rojos.   Es _____.
2. Lleva unos pantalones cortos y una camisa de cuadros.   Es _____.
3. Lleva un vestido verde y unos zapatos blancos.   Es _____.
4. Lleva unos pantalones rojos y unos zapatos también rojos.   Es _____.
5. Lleva una falda y una camisa de rayas.   Es _____.
6. Lleva una camisa y unos pantalones negros.   Es _____.
7. Lleva un abrigo y una falda negra.   Es _____.
8. Lleva traje y corbata.   Es _____.

Juan   Cristina   Carlos   Estrella

Anabel   Felipe   Sofía   Isabel

Aciertos: _____ / 8

2 **Reconoce las prendas** 입은 옷 확인하기

¿Cómo van vestidos? Escucha y completa con la prenda y el color, como en el ejemplo.
그들이 옷을 어떻게 입었나요? 잘 듣고 보기와 같이 옷과 색깔 어휘를 사용하여 문장을 완성하세요.

PISTA 01

ej. *Ana lleva una falda roja y un bolso también rojo.*

1. Juan lleva una _____ y unos pantalones también _____.
2. Cristina lleva unos _____ _____ y una chaqueta también _____.
3. José y Lola llevan una _____ _____ y unas botas también _____.
4. Marta lleva una _____ y un bolso también _____.
5. Hoy Paco lleva una _____ _____ y unos guantes también _____.
6. Carlos y Ana llevan una _____ _____ y unos calcetines también _____.

Aciertos: _____ / 18

3 Recuerda los nombres de la ropa 옷의 명칭 기억하기
Observa las prendas y completa el crucigrama. 다음 이미지를 잘 보고 단어 퍼즐을 완성하세요.

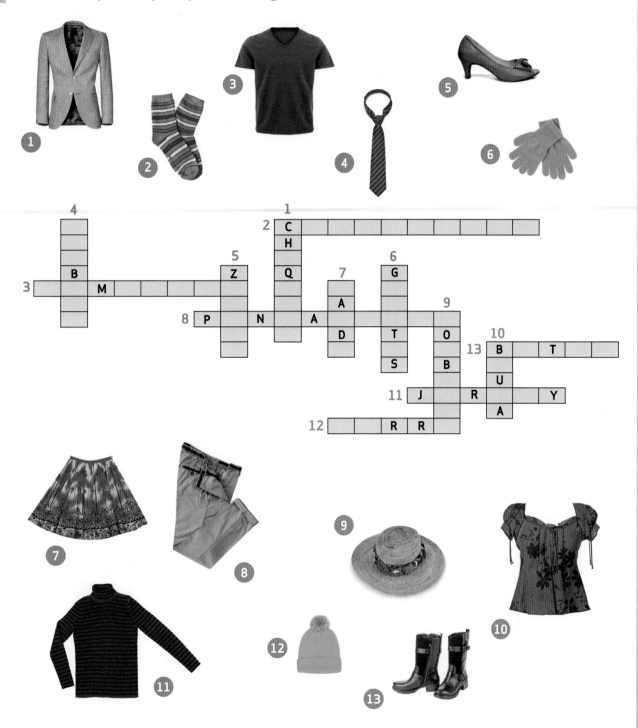

Aciertos: _____ / 13

4 Recuerda los materiales 옷감 어휘 기억하기
Relaciona. 알맞은 것끼리 연결하세요.

1. un jersey   a. de algodón
2. unas botas   b. de lana
3. una camisa   c. de cuero

Aciertos: _____ / 3

5 Recuerda los posesivos 소유사 기억하기
Relaciona los posesivos (hay varias posibilidades). 주격 인칭 대명사를 알맞은 소유사와 연결하세요. (중복 선택 가능)

1. yo	a. vuestra	1. el mío
2. tú	b. vuestras	2. las nuestras
3. nosotros	c. nuestras	3. las suyas
4. él	d. sus	4. la nuestra
5. ellos	e. nuestro	5. la tuya
6. nosotras	f. tu	6. el suyo
7. usted	g. nuestra	7. el vuestro
8. ellas	h. vuestro	8. la mía
9. vosotros	i. mi	9. las tuyas
10. ella	j. su	10. el tuyo
11. vosotras	k. mis	11. las vuestras
12. ustedes	l. nuestros	12. la suya
	m. vuestros	13. el nuestro
	n. tus	14. las mías
		15. la vuestra
		16. los suyos
		17. los nuestros
		18. los tuyos
		19. los míos
		20. los vuestros

Aciertos: _____ / 48

6 Practica los demostrativos neutros 중성 지시 대명사 연습하기
Responde a las preguntas, como en el ejemplo. 보기와 같이 질문에 답하세요.

ej. ¿Qué es eso? Eso es un zapato.

1. ¿Qué es aquello?

_____

2. ¿Qué es eso?

_____

3. ¿Qué es esto?

_____

Aciertos: _____ / 3

7 Reproduce la información 들은 내용 재구성하기
Escucha y responde a las preguntas. 잘 듣고 질문에 답하세요.

PISTA 02

1. ¿Es el jersey de Eva azul o verde? _____
2. ¿Cómo es el vestido de Ana? _____
3. ¿Cómo son los zapatos de Luis? _____
4. ¿Cómo es el abrigo de Felipe? _____
5. ¿Qué lleva María? _____

Aciertos: _____ / 5

8 Reproduce la comunicación 의사소통 재구성하기
Responde negativamente, como en el ejemplo. 보기와 같이 부정문으로 답하세요.

ej. *¿Esta es la bufanda de Luis? (verde)*   *No, no es suya. La suya es verde.*

1. • ¿Este es tu abrigo? (marrón)

    • No, _____

2. • ¿Estos son los zapatos de Ana? (azules)

    • _____

3. • ¿Esta es su chaqueta, señora López? (roja)

    • _____

4. • ¿Estos son vuestros pantalones? (negros)

    • _____

5. • ¿Estos son los guantes del señor Gómez? (verdes)

    • _____

Aciertos: _____ / 5

9 Refuerza la comunicación 의사소통 능력 강화하기
Subraya la opción correcta. 알맞은 답을 고르세요.

1. Buenos días. Quería una chaqueta *del número/de la talla* L, por favor.
2. ¿Tienen bolsos *naranja/naranjas*?
3. *Mi/Mía* blusa es muy bonita, ¿verdad?
4. Buenos días. *Quieres/Quería* unos zapatos del número 39.
5. ¿Tienen gafas de *día/sol*?
6. ¿Cuánto *cuestan/cuesta* esta falda, por favor?

Aciertos: _____ / 6

TOTAL de aciertos: _____ / 109

AHORA TÚ
PRODUCCIÓN FINAL 최종 연습   **Tu diálogo** 당신의 대화

Imagina un diálogo en una tienda de ropa.
옷 가게에서 일어날 수 있는 대화를 상상하여 써 보세요.

_____
_____
_____
_____
_____

UNIDAD 2
Hablar del presente 현재에 대해 말하기

Qué haces?
¿En qué piensas?

En los exámenes.
Empiezan el próximo mes y
pienso aprobar todo.
¿Quieres estudiar conmigo?

comenzar와 empezar는 동의어로, '시작하다'를 의미한다.
La clase comienza a las 9:00.
= La clase empieza a las 9:00. 수업은 9시에 시작한다.

ASÍ SE HABLA
FUNCIONES 기능 —— Hablar del presente 현재에 대해 말하기

1. Preguntar e informar sobre actividades de una persona 사람의 활동에 대해 질문하고 정보 제공하기

- ¿Qué haces? 너 뭐 해?
- Hoy empiezo a estudiar guitarra.
  나는 오늘 기타를 배우기 시작해.
- Empiezo el libro. 나는 책을 (읽기) 시작해.

- ¿Qué pasa? 무슨 일이야?
- El bebé despierta a sus padres.
  아기가 부모님을 깨워.
- El bebé se despierta a menudo. 아기가 자주 깨.

- ¿En qué piensas? 너 무슨 생각해?
- Pienso en las vacaciones. 나는 휴가를 생각해.
- Pienso en Ana. 나는 아나를 생각해.
- Pienso en viajar. 나는 여행을 생각해.

2. Preguntar e informar sobre una persona
사람에 대해 질문하고 정보 제공하기

- ¿Con quién está Ana? 아나는 누구와 함께 있니?
- Conmigo. 나와 함께 있어.
- Contigo 너와 함께 있어.
- Con Pedro. 페드로와 함께 있어.

- ¿Para quién es esta carta?
  이 편지는 누구에게 온 거니? / 보내는 거니?
- Es para mí. 나에게 온 거야.
- Es para ti. 너에게 온 거야. / 보내는 거야.
- Es para ellos. 그들에게 온 거야. / 보내는 거야.

전치격 인칭 대명사 mí ≠ 소유 형용사 mi
Este libro es para mí. / Es mi libro.
이 책은 나를 위한 거야 (내가 읽을 거야). / 내 책이야.

② ASÍ ES
GRAMÁTICA 문법

El presente de los verbos irregulares en -ar (1), el verbo *dar* y preposiciones con pronombres
-ar 현재 불규칙 동사들(1), dar 동사와 전치격 인칭 대명사

pág. 105

Verbos irregulares 불규칙 동사 e → ie

PENSAR 생각하다

yo	pienso
tú	piensas
él, ella, usted	piensa
nosotros, nosotras	pensamos
vosotros, vosotras	pensáis
ellos, ellas, ustedes	piensan

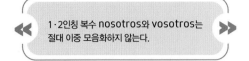
1·2인칭 복수 nosotros와 vosotros는 절대 이중 모음화하지 않는다.

DAR 주다

yo	doy
tú	das
él, ella, usted	da
nosotros, nosotras	damos
vosotros, vosotras	dais
ellos, ellas, ustedes	dan

Preposiciones con pronombres 전치격 인칭 대명사

De: de mí/de ti/de él, ella, usted, nosotros, nosotras, vosotros, vosotras, ellos, ellas, ustedes
Para: para mí/para ti/para él, ella, usted, nosotros, nosotras, vosotros, vosotras, ellos, ellas, ustedes
Con: conmigo/contigo/con él, ella, usted, nosotros, nosotras, vosotros, vosotras, ellos, ellas, ustedes

③ CON ESTAS PALABRAS
LÉXICO 어휘

Los verbos de actividad cotidiana
일상 활동을 나타내는 동사들

Jaime merienda a las 17:30.
하이메는 오후 5시 30분에 간식을 먹는다.

El examen empieza a las 9:00.
시험은 9시에 시작한다.

Calienta la leche.
그는 우유를 데운다.

Piensan en su nueva casa.
그들은 새로 이사 갈 집을 생각한다.

Juan se despierta temprano.
후안은 일찍 일어난다.

Juan cierra la puerta.
후안은 문을 닫는다.

Se sienta en el sofá.
그는 소파에 앉는다.

1 Reconoce las formas verbales 동사 변화 확인하기

Encuentra 5 verbos conjugados y escribe el infinitivo. 동사 변형 5개를 찾고 그 동사의 동사 원형을 쓰세요.

```
U C Y L E L U X E K
X C O T X W X M P C
B I H M Y R W V R A
D E S P I E R T A L
C R C R M E E N Z I
G R N R R A N V M E
E A E I E N T Z N N
D A E R C I E T A T
O L O B T E B U I A
Y E M P I E Z A N N
```

Infinitivo

1. _____ _____
2. _____ _____
3. _____ _____
4. _____ _____
5. _____ _____

Aciertos: _____ / 10

2 Recuerda los verbos y forma frases 동사와 문장 형태 기억하기

Ordena las palabras y utiliza los verbos del ejercicio anterior para formar frases.
단어들을 순서대로 배열하고, 연습 문제 1번의 동사들을 사용하여 문장을 완성하세요.

1. verbo + Juan – puerta – con – la – llave   = _____
2. verbo + obreros – trabajar – a – los – temprano   = _____
3. verbo + espectáculo – las – a – nueve – el   = _____
4. verbo + perro – el – niño – al   = _____
5. verbo + la – los – camareros – comida   = _____

Aciertos: _____ / 5

3 Reconoce las expresiones 표현 확인하기

Relaciona y forma frases. 알맞은 것끼리 연결하여 문장을 완성하세요.

1. La película
2. Ana cierra
3. El bebé
4. Pienso
5. Mi madre calienta
6. Los alumnos piensan

a. la leche
b. empieza
c. hacer
d. la puerta
e. en mis
f. despierta

I. a las 21:00.
II. de la casa.
III. a sus padres.
IV. para el desayuno.
V. vacaciones.
VI. los ejercicios de gramática.

1. _____
2. _____
3. _____
4. _____
5. _____
6. _____

Aciertos: _____ / 6

4 **Recuerda las formas irregulares** 불규칙 동사 변화 기억하기

Conjuga los verbos *despertarse* y *sentarse.* despertarse와 sentarse 동사를 인칭에 맞게 동사 변형하세요.

	DESPERTARSE	SENTARSE
(yo)	me desp _____	me _____
(tú)	_____ _____	_____ _____
(él, ella, usted)	_____ _____	_____ _____
(nosotros, nosotras)	_____ _____	_____ _____
(vosotros, vosotras)	_____ _____	_____ _____
(ellos, ellas, ustedes)	_____ _____	_____ _____

Aciertos: _____ / 12

5 **Recuerda los verbos regulares e irregulares** 규칙 동사와 불규칙 동사 기억하기

Marca si es un verbo regular (R) o irregular (I). Luego, escribe la forma en la persona indicada.
규칙 동사는 R에, 불규칙 동사는 I에 표시하세요. 그리고 제시된 인칭에 맞게 동사 변형하세요.

R I

1. contestar ☐ ☐   a. (vosotras) _____
2. enseñar ☐ ☐   b. (ustedes) _____
3. calentar ☐ ☐   c. (tú) _____
4. pensar ☐ ☐   d. (ellos) _____
5. terminar ☐ ☐   e. (nosotros) _____
6. cerrar ☐ ☐   f. (él) _____
7. sentarse ☐ ☐   g. (usted) _____
8. necesitar ☐ ☐   h. (yo) _____

Aciertos: _____ / 16

6 **Practica las formas irregulares** 불규칙 동사의 동사 변화 연습하기

Completa con los verbos en la forma correcta. 알맞은 동사형으로 빈칸을 채우세요.

1. (Cerrar, yo) _____ las ventanas y (sentarse) _____ en el sofá.
2. Petra (sentarse) _____ y (empezar) _____ a trabajar.
3. (Despertarse, vosotros) _____ temprano y (peinarse) _____ después.
4. Hoy (pensar, yo) _____ ver el partido de fútbol. (Comenzar) _____ a las 20:00.
5. (Despertarse, nosotros) _____ a las 7:30 y (empezar) _____ a trabajar a las 9:00.
6. (Pensar, nosotros) _____ invitar a Felipe a la fiesta.
7. (Calentar, tú) _____ la cena para los invitados.
8. (Sentarse, tú) _____ en el sofá conmigo.

Aciertos: _____ / 13

7 **Practica los pronombres** 대명사 연습하기
Relaciona las preguntas con las respuestas. 질문과 대답을 알맞게 연결하세요.

1. ¿En quién piensas?
2. ¿Con quién van al cine?
3. ¿Para quién es este regalo?
4. ¿A quién despierta el teléfono?
5. ¿En qué piensa usted?
6. ¿Quién acompaña a Martín al colegio?

a. Para mí.
b. A Juan.
c. En mi trabajo.
d. En Beatriz.
e. Yo.
f. Conmigo.

Aciertos: _____ / 6

8 **Practica los pronombres con preposición** 전치격 인칭 대명사 연습하기
Completa las frases con las preposiciones y los pronombres en la forma correcta, como en el ejemplo. 보기와 같이 전치사와 전치격 인칭 대명사로 빈칸을 채우세요.

ej. *Nosotros no vamos al cine (con, tú)* <u>*contigo*</u>*.*

1. ¿Viaja Isabel (con, tú) _____ o viajas sola?
2. Toma, esto es (para, tú) _____ . ¡Feliz cumpleaños!
3. Yo pienso mucho (en, tú) _____ . Estoy preocupado por tu salud.
4. Estas flores no son (para, yo) _____ , son (para, usted) _____ .
5. Por favor, viaja mañana (con, yo) _____ en mi coche, no quiero ir solo.
6. Mis hijos meriendan siempre (con, yo) _____ . Es que mi mujer trabaja a esa hora.
7. (Para, ellos) _____ vivir en la ciudad es muy caro. Por eso piensan compartir el piso (con, nosotros) _____ .
8. Cristina viaja en tren (con, tú) _____ y (con, yo) _____ , pero Sandra y Carlos viajan solos en su coche.

Aciertos: _____ / 11

9 **Reproduce la información** 들은 내용 재구성하기
Escucha y responde a las preguntas. 잘 듣고 질문에 답하세요.

PISTA 03

1. ¿En qué piensa Ana después del trabajo?
   _____

2. ¿Por qué Pedro se despierta temprano durante la semana?
   _____

3. ¿Con qué sueña Pablo?
   _____

4. ¿A qué hora empezáis el trabajo Teresa y tú?
   _____

5. ¿Por qué no me puedo sentar en esta silla?
   _____

6. ¿Qué tomáis normalmente de merienda?
   _____

7. ¿No encierra al gato por la noche?
   _____

8. ¿Qué es lo último que hace todos los días?
   _____

Aciertos: _____ / 8

Reproduce la comunicación 의사소통 재구성하기
Contesta a las preguntas, como en el ejemplo. 보기와 같이 질문에 답하세요.

ej. *¿Esta carta es para Juan?*   *Sí, es para él.*
¿Para quién es esta carta? (él)   *Es para él.*

1. ¿Piensas en tus amigos?   Sí, _____
2. ¿De quién es este libro? (Ana)   _____
3. ¿Este paquete es para ti?   No, _____
4. ¿Con quién viaja Carmen? (yo)   _____
5. ¿Estas flores son para mí?   Sí, _____
6. ¿Para quién son estos libros? (nosotros) _____

Aciertos: _____ / 6

Refuerza la comunicación 의사소통 능력 강화하기
Subraya la opción correcta. 알맞은 답을 고르세요.

1. Pienso *en/a* mis próximas vacaciones.
2. El ruido de la calle *me/se* despierta todas las mañanas.
3. A las 12:00 empieza *Ø/a* la clase y comenzamos *Ø/a* practicar español.
4. Este cuaderno es *mío/de mí*.
5. En clase me siento *con tú/contigo*, ¿vale?
6. Ella sienta *al/el* niño en su silla.

Aciertos: _____ / 7

TOTAL de aciertos: _____ / 100

AHORA TÚ
PRODUCCIÓN FINAL 최종 연습

Tus pensamientos 당신의 생각

Escribe tus ideas sobre un tema de tu elección.
당신이 선택한 주제에 대한 당신의 생각을 써 보세요.

_____
_____
_____
_____
_____

E J E R C I C I O S

15

UNIDAD 3
Contar actividades de la familia 가족의 일상에 대해 말하기

Siempre me acuerdo mucho de mi madre y de su relación con mis hijos. Cuando están juntos, meriendan y juegan a la pelota con ella. Por la noche, los acuesta y les cuenta historias.

pág. 112

1 ASÍ SE HABLA
FUNCIONES 기능
Preguntar por recuerdos
추억에 대해 질문하기

1. Preguntar y decir qué se recuerda 추억에 대해 질문하고 말하기

- ¿Qué recuerdas? 너는 뭐가 떠오르니?
- Recuerdo una película. 나는 영화가 떠올라.

- ¿A quién recuerdas? 너는 누가 떠오르니?
- Recuerdo a mi abuela. 나는 나의 할머니가 떠올라.

- ¿De qué te acuerdas? 너는 뭐가 기억나니?
- Me acuerdo de la película. 나는 영화가 기억나.

- ¿De quién te acuerdas? 너는 누가 기억나니?
- Me acuerdo de mi abuela. 나는 나의 할머니가 기억나.

2. Expresar nostalgia 그리움 표현하기

- Echo de menos a mi abuela. 나는 나의 할머니가 그립다.
- Echo de menos mi casa de Madrid. 나는 마드리드에 있는 내 집이 그립다.

recordar (기억하다, 떠올리다, 회상하다, 연상하다) 동사는 사람이 목적어로 올 때 전치사 a를 동반한다.
Recuerdo a mi abuela. 나는 나의 할머니를 회상한다.
Recuerdo mi viaje. 나는 내 여행을 회상한다.

acordarse (기억하다) 동사는 전치사 de를 동반한다.
Me acuerdo de mi abuela. 나는 내 할머니를 기억한다.
Me acuerdo del viaje a Brasil.
나는 내 브라질 여행을 기억한다.

2 ASÍ ES
GRAMÁTICA 문법
El presente de los verbos irregulares en -ar (2) y los pronombres de objeto directo
-ar 현재 불규칙 동사(2)와 직접 목적 대명사

pág. 105

Verbos irregulares 불규칙 동사 o y u → ue		
	CONTAR 이야기하다	**JUGAR** 놀다
yo	cuento	juego
tú	cuentas	juegas
él, ella, usted	cuenta	juega
nosotros, nosotras	contamos	jugamos
vosotros, vosotras	contáis	jugáis
ellos, ellas, ustedes	cuentan	juegan

🔎 **Contar와 같은 유형의 불규칙 동사들**
acordarse 기억하다, acostarse 자다, 눕다, encontrar 발견하다, recordar 회상하다, soñar 꿈꾸다, aprobar 승인하다, 합격하다, costar 비용이 들다, volar 날다

		Los pronombres de objeto directo (OD) 직접 목적 대명사	
		OD	**OD**
yo	me	Cuento <u>el dinero</u>. 나는 돈을 센다.	<u>Lo</u> cuento. 나는 그것을 센다.
tú	te	Cuento <u>la historia</u>. 나는 그 이야기를 한다.	<u>La</u> cuento. 나는 그것을 말한다.
él, ella, usted	lo, la	Cuento <u>los billetes</u>. 나는 지폐들을 센다.	<u>Los</u> cuento. 나는 그것들을 센다.
nosotros, nosotras	nos		
vosotros, vosotras	os	Cuento <u>las estrellas</u>. 나는 별들을 센다.	<u>Las</u> cuento. 나는 그것들을 센다.
ellos, ellas, ustedes	los, las		

> ◀◀ 동사 관용구에서 직접 목적 대명사는 동사 앞 또는 동사 원형 바로 뒤에 붙여 사용한다. ▶▶
> Empiezo a contar**lo**. = **Lo** empiezo a contar. 나는 그것을 이야기하기 시작한다.

③ CON ESTAS PALABRAS — Las actividades frecuentes
LÉXICO 어휘 — 자주 하는 활동

1. Sustantivos de los verbos *o* y *u → ue* o와 u가 ue로 바뀌는 동사들의 명사형

- contar 이야기하다   (yo) cuento 나는 이야기한다. → un cuento 이야기
- almorzar 점심을 먹다   (yo) almuerzo 나는 점심을 먹는다. → un almuerzo 점심
- encontrar 만나다   (yo) encuentro 나는 만난다. → un encuentro 만남
- recordar 추억하다   (yo) recuerdo 나는 추억한다. → un recuerdo 추억
- soñar 꿈꾸다   (yo) sueño 나는 꿈꾼다. → un sueño 꿈
- volar 날다   (yo) vuelo 나는 난다. → un vuelo 비행
- mostrar 보여 주다   (yo) muestro 나는 보여 준다. → una muestra 샘플
- jugar 게임하다   (yo) juego 나는 게임한다. → un juego 게임

> ◀◀ un cuento
> (una historia)
> 이야기
> ≠
> una cuenta
> (de un restaurante,
> de un banco)
> 식당의 계산서, 은행 계좌 ▶▶

2. Otras actividades 그 외의 활동들

Se acuerda de su bebé.
그녀는 자신의 아기를 생각한다.

El señor Gómez
cuenta el dinero.
고메스 씨는 돈을 센다.

El avión vuela
sobre la ciudad.
비행기가 도시 위를 비행한다.

Te acuestas temprano.
너는 일찍 잠자리에 든다.

Ella muestra la
dirección al turista.
그녀는 관광객에게 방향을 가르쳐
준다.

Él cuenta una historia
a su hija.
그는 딸에게 이야기를 들려준다.

¡Qué bonito!
¿Cuánto cuesta?
정말 예쁘네요! 얼마예요?

Sueña con la playa.
그는 바닷가를 꿈꾼다.

Ellos se encuentran
en la calle.
그들은 거리에서 만난다.

No encuentras el camino.
너는 길을 못 찾는다.

El teléfono suena.
전화가 울린다.

EJERCICIOS

1. Reconoce las actividades 행동 표현 확인하기

Escucha y marca verdadero o falso. Luego, corrige las frases falsas.
잘 듣고 참·거짓을 고르세요. 그리고 틀린 문장을 바르게 수정하세요.

PISTA 04

	V	F	
1. Luis prepara un encuentro con sus clientes.	☐	☐	_____
2. Ana merienda antes de sus clases de guitarra.	☐	☐	_____
3. Canta una canción muy bonita.	☐	☐	_____
4. Los niños se levantan a las 11:00 los sábados.	☐	☐	_____
5. Alejandro no juega al fútbol, juega al tenis.	☐	☐	_____

Aciertos: _____ / 5

2. Reconoce los verbos irregulares 불규칙 동사 확인하기

Escribe el pronombre personal y el infinitivo de cada verbo
각 동사형의 알맞은 주격 인칭 대명사와 동사 원형을 쓰세요.

1. cuentas _____

2. empieza _____

3. recuerdo _____

5. vuela _____

7. comienzan _____

4. cuestan _____

6. sueñas _____

8. me acuesto _____

9. encuentran _____

10. jugáis _____

Aciertos: _____ / 20

3. Recuerda los sustantivos 명사형 기억하기

Escribe el sustantivo correspondiente a cada verbo. 주어진 동사의 명사형을 쓰세요.

1. Recordar un _____
2. Jugar un _____
3. Soñar un _____
4. Contar un _____

Aciertos: _____ / 4

4. Recuerda el objeto directo 직접 목적 대명사 기억하기

Responde a las preguntas de dos maneras diferentes, sin repetir el objeto directo, como en el ejemplo. 보기와 같이 직접 목적 대명사를 사용하여 두 가지 방법으로 질문에 답하세요.

ej. ¿Piensan comprar esta casa?
Sí, piensan comprarla.
Sí, la piensan comprar.

1. ¿Piensas comprar el libro?
Sí, _____
Sí, _____

2. ¿Comenzáis a estudiar la lección?
No, _____
No, _____

3. ¿Empieza usted a preparar la reunión?
Sí, _____
Sí, _____

4. ¿Pensáis mandar el paquete esta tarde?
No, _____
No, _____

5. ¿Empiezas a memorizar la letra de la canción?
Sí, _____
Sí, _____

6. ¿Piensan ustedes visitar el museo hoy?
No, _____
No, _____

Aciertos: _____ / 12

18

5 Practica la forma de los verbos irregulares 불규칙 동사형 연습하기

Completa con los verbos en la forma correcta. 인칭에 맞게 동사 변형하여 빈칸을 채우세요.

1. (Contar, yo) _____ una historia a los niños.
2. Teresa no (encontrar) _____ sus guantes.
3. (Acordarse, tú) _____ de tus amigos de infancia.
4. Ana y Luis (recordar) _____ su infancia con nostalgia.
5. (Acostarse, nosotros) _____ a las 23:00.
6. Los niños (jugar) _____ en el patio de la escuela.
7. (Mostrar, ustedes) _____ los documentos a sus clientes.
8. Señor López, ¿(acordarse) _____ de mí?
9. (Acostarse, yo) _____ muy tarde.
10. Felipe (contar) _____ los billetes.
11. Mi hijo ya (contar) _____ hasta 10.
12. Esta tarde nos (encontrar) _____ todos los amigos de la juventud.
13. Normalmente ustedes (acostarse) _____ muy tarde, ¿no?

Aciertos: _____ / 13

6 Practica el objeto directo 직접 목적 대명사 연습하기

Responde a las preguntas sin repetir el objeto directo, como en el ejemplo.
보기와 같이 직접 목적 대명사를 사용하여 질문에 답하세요.

ej. *¿Cuentas la historia?*   *Sí, la cuento.*

1. ¿Me invitas a la fiesta?   Sí, _____
2. ¿Acompañas a Antonio al colegio?   No, _____
3. ¿Me llamas esta noche?   Sí, _____
4. ¿Prepara tu madre la cena?   No, _____
5. ¿Ves a Antonia mañana?   Sí, _____
6. ¿Recuerda usted las reglas?   No, _____
7. ¿Lees el libro ahora?   Sí, _____
8. ¿Vendéis vuestro coche?   No, _____
9. ¿Escuchan al profesor?   Sí, _____
10. ¿Nos acompañáis al teatro?   No, _____
11. ¿Acuestas tú al niño, por favor?   Sí, _____
12. ¿Muestra el profesor los esquemas?   Sí, _____
13. ¿Isabel cuenta el dinero?   No, _____

Aciertos: _____ / 13

7 **Practica los verbos y el objeto directo** 동사 변화와 직접 목적 대명사 연습하기

Completa con los verbos en la forma correcta y responde a las preguntas sin repetir el objeto
directo, como en el ejemplo. 인칭에 맞게 동사 변형하여 빈칸을 채우고 보기와 같이 직접 목적 대명사를 사용하여 질문에 답하세요.

ej. *¿(Comprar, tú) Compras el pan?*　　　　　　　　*Sí, lo compro.*

1. ¿(Contar) _____ la historia?　　　　Sí, _____

2. ¿(Abrir, vosotros) _____ las ventanas?　　　No, _____

3. ¿A qué hora (acostar, usted) _____ al niño?　　　_____ a las 21:00.

4. ¿(Encontrar, tú) _____ las llaves?　　　No, _____

5. ¿(Preparar, ellos) _____ el almuerzo?　　　Sí, _____

6. ¿(Vender, ustedes) _____ los billetes?　　　No, _____

Aciertos: _____ / 12

8 **Reproduce las preguntas** 질문 만들어 보기

Formula la pregunta, como en el ejemplo. 보기와 같이 주어진 답변에 어울리는 질문을 만드세요.

ej. *¿Te acuerdas de Melisa?*　　　　　　　　*Sí, claro que me acuerdo de Melisa.*

1. ¿_____? 　　Lola se acuerda de su tía.

2. ¿_____? 　　No, Luis no encuentra su pasaporte.

3. ¿_____? 　　Sí, nos acordamos mucho de Armando.

4. ¿(Usted) _____? 　　Me acuerdo de la reunión.

Aciertos: _____ / 4

9 **Reproduce la comunicación** 의사소통 재구성하기

Completa las preguntas con los verbos en la forma correcta y responde a las preguntas.
인칭에 맞게 동사 변형하여 질문을 완성한 뒤 질문에 답하세요.

1. ¿Dónde (almorzar, ellas) _____? 　　_____ en el restaurante.

2. ¿A qué hora (despertarse, tú) _____? 　　_____ a las 6:15.

3. ¿Qué (calentar) _____ Pablo? 　　_____ la leche.

4. ¿Qué (comprar, ellos) _____? 　　_____ una revista.

5. ¿Con qué (soñar, usted) _____? 　　_____ con viajar a Perú.

6. ¿De qué (acordarse, tú) _____? 　　_____ de la película.

7. ¿En qué (pensar, usted) _____? 　　_____ en la reunión de hoy.

8. ¿(Acordarse, vosotros) _____ de Eva? 　　No, _____ de ella.

9. ¿Dónde (sentarse) _____ ustedes? 　　_____ en estas sillas.

10. ¿Qué (mostrar) _____ el niño? 　　_____ sus juguetes.

11. ¿Adónde (volar) _____ los patos? 　　_____ al sur.

Aciertos: _____ / 22

Refuerza la comunicación 의사소통 능력 강화하기
Lee y marca la respuesta adecuada. 질문을 읽고 알맞은 답을 고르세요.

1. ¿Te acuerdas del colegio?
   - a. Sí, echo de menos.
   - b. Sí, lo echo de menos.
   - c. Sí, la echo de menos.

2. ¿Qué recuerdas de tu infancia?
   - a. Echo de menos.
   - b. Me acuerdo de nada.
   - c. Recuerdo la comida de la abuela.

3. ¿Qué tal el viaje?
   - a. El vuelo, bien.
   - b. Volar, bien.
   - c. El avión.

4. ¿Te acuerdas de Marta?
   - a. No, no recuerdo.
   - b. No, no me recuerdo.
   - c. No, no la recuerdo.

5. ¿Qué tal el restaurante nuevo?
   - a. La comida buena; los camareros, mal.
   - b. Comer bueno, camareros mal.
   - c. Comemos mucho.

Aciertos: _____ / 5

TOTAL de aciertos: _____ / 110

AHORA TÚ
PRODUCCIÓN FINAL 최종 연습

Tus recuerdos 당신의 추억들

Piensa en una persona que no ves últimamente y describe qué recuerdas de ella.
당신이 최근에 만나지 못한 사람을 떠올리며 그 사람에 대한 추억을 묘사하세요.

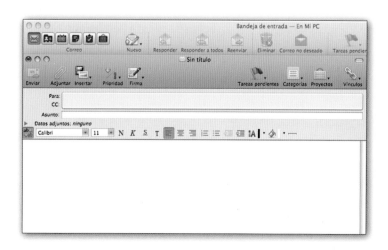

1 Lee estas notas. Relaciona cada una con la frase correspondiente. Hay tres notas que no debes seleccionar. 다음 메모를 읽고 주어진 문장과 짝지으세요. 이 중 3개의 메모는 선택할 수 없습니다.

a Estoy cansado.

b Hace mucho frío.

c La clase comienza a las 17:00.

d Quiero sentarme.

e ¡Qué calor hace hoy!

f Hoy llueve mucho.

g La sopa está fría.

h Echo de menos a mis amigos.

i Me acuerdo de Manuel.

j Pienso en mi viaje a Cuba.

k Tengo que estar en el aeropuerto a las 7:00 de la mañana.

1. Necesito comprarme un abrigo. ☐
2. Necesito una silla. ☐
3. Tengo los billetes de avión. ☐
4. Necesito acostarme más temprano. ☐
5. La caliento. ☐
6. Me despierto temprano. ☐
7. Llevo ropa fresca. ☐
8. Los llamo por teléfono. ☐

2 Completa con la forma necesaria. 필요한 형태를 골라 문장을 완성하세요.

> Ø – a – con – conmigo – de – en – me – para – que

1. Compro una chaqueta _____ piel _____ mi hermano.
2. Me despierto _____ las 8:00.
3. Pensamos _____ Luis se acuesta demasiado tarde.
4. Marisol se compra mucha ropa _____ moda.
5. • ¿Los niños estudian _____ su padre?
   • No, _____.
6. _____ recuerdo _____ mi viaje a México.
7. • ¿Es este paquete _____ ti?
   • No, no es _____ mí.
8. Enrique juega _____ la pelota _____ sus amigos.
9. _____ acuerdo _____ mis abuelos con mucho cariño.
10. Siempre pienso _____ ellos cuando estoy en el pueblo.

Escucha los diálogos y selecciona la(s) respuesta(s) correcta(s).
대화를 잘 듣고 알맞은 답을 고르세요. (복수 정답 가능)

1. ¿Qué quiere comprar María?

2. ¿Qué prenda no le gusta?

3. ¿A quién recuerda Juan?

4. ¿Dónde está José?

5. ¿Qué pantalón compra Juan?

 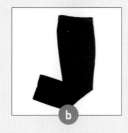  

UNIDAD 4
Hablar del aprendizaje
학습 활동에 대해 말하기

① ASÍ SE HABLA
FUNCIONES 기능

Hablar de actividades de aprendizaje 학습 활동에 대해 말하기

Actividades de aprendizaje 학습 활동

- Conocer otra cultura 타 문화 알기
- Entender la gramática 문법 이해기
- Escribir textos 글쓰기
- Hacer ejercicios 연습하기
- Leer y responder a preguntas 읽고 질문에 답하기
- Ofrecer soluciones 해결 방안 제시하기
- Perder el miedo a hablar 말하기에 대한 두려움 없애기
- Ver películas 영화 보기

② ASÍ ES
GRAMÁTICA 문법

El presente de los verbos irregulares en *-er*
-er 현재 불규칙 동사　　pág. 105

Escuela Ñ

Si quieres aprender bien español, en la escuela Ñ puedes hacerlo. Con nosotros conoces una nueva lengua, haces ejercicios de gramática… Tú pones el interés en aprender y nosotros ofrecemos nuestra experiencia.

www.escuelañ.es

pág. 112

« entender = comprender
이해하다 »

Verbos irregulares 불규칙 동사 e → ie	
	QUERER 원하다
yo	quiero
tú	quieres
él, ella, usted	quiere
nosotros, nosotras	queremos
vosotros, vosotras	queréis
ellos, ellas, ustedes	quieren

🔎 que**r**er와 같은 유형의 불규칙 동사들
　entender 이해하다, defender 지키다, 보호하다, encender 켜다, perder 잃다

« **volver + 전치사:**
- de la escuela 학교에서 돌아오다
- en metro 지하철을 타고 돌아오다
- a las 6:00 6시에 돌아오다
- con mi hermano 내 동생과 함께 돌아오다 »

Verbos irregulares 불규칙 동사 o → ue	
	VOLVER 돌아가다
yo	vuelvo
tú	vuelves
él, ella, usted	vuelve
nosotros, nosotras	volvemos
vosotros, vosotras	volvéis
ellos, ellas, ustedes	vuelven

🔎 volver와 같은 유형의 불규칙 동사들
　devolver 돌려주다, llover 비가 내리다, poder 할 수 있다, resolver 해결하다

Verbos irregulares en la 1.ª persona del singular 1인칭 단수 불규칙 동사들	
conocer* 알다 (경험)	conozco, conoces, conoce...
ver 보다	veo, ves, ve...
leer 읽다	leo, lees, lee...
saber 알다 (지식)	sé, sabes, sabe...
hacer 하다	hago, haces, hace...
poner 놓다	pongo, pones, pone...
traer 가지고 오다	traigo, traes, trae...

🔎 conocer와 같은 유형의 불규칙 동사들

agradecer 감사하다, crecer 성장하다, obedecer 복종하다, ofrecer 제공하다, parecerse 닮다

CON ESTAS PALABRAS
LÉXICO 어휘

La escuela y la universidad 학교와 대학교

1. Los lugares y las personas 장소와 사람들

la escuela infantil
유치원

la escuela/el colegio
학교/초등학교

el instituto
중등학교

la universidad
대학교

el aula
강의실

la biblioteca
도서관

el laboratorio
연구실

el estudiante
학생

la secretaria
비서

el profesor
선생님

2. Los objetos 문구류

las tijeras
가위

el escritorio
책상

el cuaderno
공책

el ordenador
컴퓨터

la impresora
인쇄기

la regla
자

el clip
클립

el bolígrafo
볼펜

la grapadora
스테이플러

la goma
지우개

la fotocopiadora
복사기

el lápiz
연필

el libro
책

25

1 **Reconoce las formas verbales** 동사 변화 확인하기
Encuentra 5 verbos conjugados en la persona *yo* y escribe el infinitivo.
1인칭 단수형 (yo) 동사 5개를 찾고, 그 동사의 원형을 쓰세요.

```
C O U C Z O F A E
T R H A G O V E O
R L E U O V U E F
A A D S L F U A R
I Z G P O N G O E
G N R M O G N O Z
O C P V M R V N C
S I E T A D I E O
C O N O Z C O S N
```

Infinitivo

1. _____ _____
2. _____ _____
3. _____ _____
4. _____ _____
5. _____ _____

Aciertos: _____ / 10

2 **Recuerda los verbos y forma frases** 동사형 기억하고 문장 만들기
Ordena las palabras y utiliza los verbos del ejercicio anterior para formar frases.
단어들을 순서대로 배열하고, 연습 문제 1번의 동사들을 사용하여 문장을 만드세요.

1. verbo + un – para – María – regalo = _____
2. verbo + a – invitados – los – café = _____
3. verbo + los – sobre – cuadernos – mesa – la = _____
4. verbo + tus – a – amigos – bien – muy = _____
5. verbo + ejercicios – todos – los – días = _____

Aciertos: _____ / 5

3 **Reconoce los lugares** 장소 확인하기
Escucha y responde a las preguntas. 잘 듣고 질문에 답하세요.

PISTA 06

1. ¿Dónde está Ana? _____
2. ¿Adónde va Pedro? _____
3. ¿Dónde trabaja el señor Molina? _____
4. ¿De qué es profesor Luis? _____
5. ¿Dónde están los lápices de Sara? _____

Aciertos: _____ / 5

4 **Recuerda los nombres del material de clase** 문구류 명칭 기억하기
Escribe el nombre y el artículo indeterminado de los siguientes objetos, como en el ejemplo.
보기와 같이 다음 문구류를 알맞은 부정 관사와 함께 쓰세요.

ej.

un libro

1. _____

2. _____

3. _____

4. _____

5. _____

6. _____

7. _____

8. _____

9. _____

10. _____

11. _____

Aciertos: _____ / 11

5 **Practica el vocabulario** 어휘 연습하기
Escucha y marca verdadero o falso. Luego, corrige las frases falsas.
잘 듣고 참 · 거짓을 고르세요. 그리고 틀린 문장을 바르게 수정하세요.

PISTA 07

V   F

1. Juan es maestro en una escuela y Pilar es profesora en la universidad. ☐ ☐ _____
2. Los alumnos ya están en el aula. ☐ ☐ _____
3. Los libros de Jesús están en el armario. ☐ ☐ _____
4. Por su trabajo, Armando viaja por todo el país. ☐ ☐ _____

Aciertos: _____ / 4

6 **Practica la forma de los verbos en –er** -er 동사 변화 연습하기
¿Regular o irregular? Marca si los verbos son regulares (R) o irregulares (I) y completa.
규칙 동사인가요? 불규칙 동사인가요? 규칙 동사면 R에, 불규칙 동사면 I에 표시하고 인칭에 맞게 동사 변형하여 빈칸을 완성하세요.

	R	I				
1. querer	☐	☐	yo _____	ellos _____
2. vender	☐	☐	tú _____	nosotros _____
3. resolver	☐	☐	ella _____	ustedes _____
4. creer	☐	☐	usted _____	vosotras _____
5. ver	☐	☐	yo _____	ellos _____
6. leer	☐	☐	ella _____	ustedes _____
7. comer	☐	☐	tú _____	nosotras _____
8. poder	☐	☐	él _____	vosotros _____
9. agradecer	☐	☐	yo _____	ellos _____
10. crecer	☐	☐	ella _____	vosotras _____
11. encender	☐	☐	usted _____	ustedes _____
12. ofrecer	☐	☐	yo _____	nosotros _____

Aciertos: _____ / 24

7 **Practica los verbos** 동사 변화 연습하기

Completa con los verbos en la forma correcta y responde a las preguntas.
인칭에 맞게 동사 변형하여 질문을 완성하고 질문에 답하세요.

1. • ¿A qué hora (volver, tú) _____ a casa?

   • _____ a las 7:00.

2. • ¿Por qué (encender, usted) _____ la luz?

   • La _____ porque (querer) _____ leer.

3. • ¿Qué (hacer, tú) _____ los domingos?

   • La _____ los deberes para el lunes.

Aciertos: _____ / 7

8 **Practica la forma plural** 복수형 연습하기

Pon las frases del ejercicio anterior en plural. 연습 문제 1번의 문장들을 복수형으로 만드세요.

1. • ¿_____? 　　　　2. • ¿_____?

   • _____ 　　　　　　　 • _____

3. • ¿_____?

   • _____

Aciertos: _____ / 6

9 **Practica los verbos y el objeto directo** 동사와 직접 목적 대명사 연습하기

Responde a las frases de dos maneras diferentes, sin repetir el objeto directo, como en el ejemplo. 보기와 같이 두 가지 방식으로 직접 목적 대명사를 사용하여 질문에 답하세요.

ej. *¿Juan quiere hacer el ejercicio?* 　　　 *Sí, quiere hacerlo. / Sí, lo quiere hacer.*

1. ¿Quieres comprar esta regla? 　　　Sí, _____

   　　　　　　　　　　　　　　　　　Sí, _____

2. ¿Puede poner su cuaderno en la mesa? 　No, _____

   　　　　　　　　　　　　　　　　　No, _____

3. ¿Queréis ver los resultados del examen? 　Sí, _____

   　　　　　　　　　　　　　　　　　Sí, _____

Aciertos: _____ / 6

10 **Reproduce las preguntas y las respuestas** 질문과 대답 재구성하기

Completa con los verbos en la forma correcta y responde sin repetir el objeto directo, como en el ejemplo. 보기와 같이 인칭에 맞게 동사 변형하여 질문을 완성하고 목적어를 직접 목적 대명사로 바꿔 질문에 답하세요.

ej. *¿(Leer, tú) Lees el libro?* 　　　 *Sí, lo leo.*
　　　　　　　　　　　　　　　　No, no lo leo.

1. • ¿(Ver, tú) _____ a aquella estudiante?

   • Sí, _____

2. • ¿(Traer, usted) _____ su cuaderno de español?

   • Sí, _____

3. • ¿(Poner, tú) _____ la regla en tu mochila?

   • No, _____

4. • ¿(Leer) _____ los estudiantes los libros?

   • Sí, _____

5. • ¿(Hacer, usted) _____ las actividades de gramática?

   • Sí, _____

6. • ¿(Conocer, tú) _____ a la profesora de español?

   • Sí, _____

Aciertos: _____ / 12

11 Reproduce lo contrario 부정문 재구성하기

Utiliza los siguientes verbos para decir lo contrario sin repetir el objeto directo, como en el ejemplo. 주어진 동사와 직접 목적 대명사를 사용하여 보기와 같이 질문에 부정문으로 답하세요.

> devolver - deshacer - defender - encender

ej. ¿Ataca el perro al niño?   *No, lo defiende.*

1. ¿Saca Ana el libro de la biblioteca? _____
2. ¿Hacéis las maletas?   _____
3. ¿Apaga usted la luz?   _____

Aciertos: _____ / 3

12 Reproduce la información 들은 내용 재구성하기

Escucha y responde a la pregunta sin repetir el objeto directo.
잘 듣고 직접 목적 대명사를 사용하여 질문에 답하세요.

PISTA 08

1. ¿Dónde lleva Alicia su cuaderno?   _____
2. ¿Por qué no resuelven el problema?   _____
3. ¿Cuándo tiene Enrique el examen?   _____
4. ¿Quién quiere un ordenador?   _____
5. ¿Quién termina el ejercicio?   _____

Aciertos: _____ / 5

13 Refuerza las expresiones 표현 강화하기

Relaciona para formar expresiones sobre el aprendizaje. 알맞은 것끼리 연결하여 학습에 관한 표현을 완성하세요.

1. conocer   a. ejercicios de gramática
2. entender   b. el miedo a hablar
3. hacer   c. la gramática
4. perder   d. la lección
5. resolver   e. otra cultura
6. saber   f. problemas
7. traer   g. todo el material a clase

Aciertos: _____ / 7

TOTAL de aciertos: _____ / 105

1 2 3 AHORA TÚ
PRODUCCIÓN FINAL 최종 연습

Tus estilos de aprendizaje
당신의 공부 방식

Piensa cómo te gusta aprender y escribe un texto con el modelo de escuela que te gusta.
당신이 좋아하는 학습 방법을 생각하며 당신이 좋아하는 학교의 모습을 써 보세요.

29

¿Adónde vas?

Voy a la oficina.

¿Cómo vas?

Hoy voy en metro.

pág. 112

ASÍ SE HABLA
FUNCIONES 기능 ——— Dar indicaciones 길 알려 주기

Preguntar y dar indicaciones 길 묻고 알려 주기

- ¿Cómo vas a la oficina? 너는 사무실에 어떻게 가?
- Voy en metro. 나는 지하철로 가.

- Perdón, ¿dónde hay una farmacia?
  실례합니다, 약국이 어디에 있나요?
- En la siguiente calle, a la izquierda.
  다음 거리에서 왼쪽에요.

- ¿Dónde está el banco?
  은행은 어디에 있어?
- Vas todo recto y cruzas la plaza.
  쭉 직진해서 광장을 지나가.

ASÍ ES
GRAMÁTICA 문법 ——— El presente de los verbos irregulares en -ir
-ir 현재 불규칙 동사

pág. 106

- ¿Adónde vas? 너 어디 가니?
- Voy a casa. 나 집에 가.

- ¿De dónde vienes? 너 어디에서 오니?
- Vengo de casa. 나 집에서 왔어.

| | Verbos especiales 완전 불규칙 동사들 | | | | |
	IR 가다	SALIR 나가다	VENIR 오다	DECIR 말하다	OÍR 듣다
yo	voy	salgo	vengo	digo	oigo
tú	vas	sales	vienes	dices	oyes
él, ella, usted	va	sale	viene	dice	oye
nosotros, nosotras	vamos	salimos	venimos	decimos	oímos
vosotros, vosotras	vais	salís	venís	decís	oís
ellos, ellas, ustedes	van	salen	vienen	dicen	oyen

Verbos irregulares -ir 어간 모음 불규칙 동사	e → i	e → ie	o → ue
	PEDIR 부탁하다	SENTIR 느끼다	DORMIR 자다
yo	pido	siento	duermo
tú	pides	sientes	duermes
él, ella, usted	pide	siente	duerme
nosotros, nosotras	pedimos	sentimos	dormimos
vosotros, vosotras	pedís	sentís	dormís
ellos, ellas, ustedes	piden	sienten	duermen

pedir un favor ⋯을/를 부탁하다
pedir un café 커피를 주문하다
preguntar = hacer una pregunta
질문하다   질문을 하다

🔎 같은 유형의 불규칙 동사들

pedir와 같은 유형: medir 재다, reír(se) 웃다, repetir 반복하다, servir 제공하다, vestir(se) 입다
• corregir 교정하다, 수정하다 : corrijo, corriges, corrige...
• elegir 선택하다 : elijo, eliges, elige...
• seguir 계속되다, 따라가다 : sigo, sigues, sigue...

sentir와 같은 유형: preferir 선호하다   dormir와 같은 유형: morir 죽다

Verbos irregulares en la 1.ª persona 1인칭 단수 불규칙 동사 c → zc

conducir 운전하다: conduzco, conduces, conduce...

🔎 **conducir와 같은 유형의 불규칙 동사들**
producir 생산하다, reducir 줄이다, reproducir 재현하다, traducir 번역하다

CON ESTAS PALABRAS
LÉXICO 어휘 —— La ciudad 도시

1. Los lugares y las tiendas 장소와 상점들

la calle
거리

la panadería
빵집

la plaza
광장

los edificios
건물들

la frutería
과일 가게

el puente
다리

el ayuntamiento
시청

la iglesia
교회, 성당

el supermercado
슈퍼마켓

los rascacielos
고층 건물

la farmacia
약국

2. Los transportes 교통수단

el autobús
버스

la parada
de autobús
버스 정류장

el metro
지하철

la estación
de metro
지하철역

el coche
자동차

el taxi
택시

1 Reconoce el vocabulario de la ciudad 도시 관련 어휘 확인하기
Escucha y responde a las preguntas. 잘 듣고 질문에 답하세요.

PISTA 09

1. ¿Qué hacen Celia y Luisa? _____
2. ¿Hay muchas casas en su ciudad? _____
3. ¿Quiere José tomar el autobús? ¿Por qué? _____
4. ¿Dónde está la farmacia? _____
5. ¿De dónde vienen Jorge y Lola? _____

Aciertos: _____ / 5

2 Recuerda las palabras de la ciudad 도시 관련 어휘 기억하기
Completa los textos con estas palabras. 알맞은 단어를 골라 문장을 완성하세요.

> autobús – ayuntamiento – centro – cine – coches – edificios – farmacias – fuente
> hacen la compra – mercado – parada – puente – rascacielos – supermercado

1 Una de las imágenes más características de Madrid es la _____ de la Cibeles y el _____ .

2 El _____ sobre el río Sella es muy conocido en Asturias, en el norte de España.

3 Las personas esperan en la _____ para poder subir al _____ para ir al trabajo.

4 Muchos jóvenes van al _____ para ver una película los fines de semana.

5 A mi mujer le gusta comprar la fruta en el _____ porque dice que es más fresca.

6 En las ciudades hay _____ abiertas las 24 horas los 365 días del año.

7 Roberto y Sandra _____ en el _____ los fines de semana, porque tiene de todo.

8 Un gran problema de las ciudades grandes son los _____ , porque hay muchos atascos.

9 En el _____ de las ciudades históricas no hay _____ , hay _____ antiguos muy bonitos.

Aciertos: _____ / 14

3 Recuerda las formas de los verbos 동사 변화 기억하기
Completa el crucigrama. 낱말 퍼즐을 완성하세요.

HORIZONTAL

1. vestir, él
2. oír, tú
3. dormir, ellos
4. elegir, yo
5. corregir, nosotros
6. advertir, usted
7. salir, yo
8. reducir, yo
9. ir, yo
10. divertir, tú
11. decir, ustedes
12. preferir, vosotros
13. morir, ellos
14. venir, yo
15. servir, vosotros

VERTICAL

a. decir, yo
b. ir, ellos
c. conducir, yo
d. servir, yo
e. reproducir, nosotros
f. sentir, vosotras
g. oír, yo
h. salir, él
i. salir, nosotros
j. sentir, ustedes
k. elegir, vosotros
l. oír, nosotros
m. salir, yo
n. oír, vosotras

Aciertos: _____ / 29

4 Practica las formas de los verbos irregulares 불규칙 동사 변화 연습하기
Completa con los verbos en la forma correcta y responde a las preguntas.
주어진 동사를 알맞게 변형하여 문장을 완성한 뒤 질문에 답하세요.

1. • ¿Cuándo (preferir, tú) _____ hacer la reunión?
   • _____ hacerla mañana.

2. • ¿De dónde (venir, vosotros) _____ tan tarde?
   • _____ del estadio.

3. • ¿Qué (producir) _____ esta empresa?
   • _____ electricidad.

4. • ¿De qué (reírse, vosotros) _____?
   • _____ de esa película. Es muy cómica.

5. • ¿Adónde (ir, tú) _____ después de clase?
   • _____ al gimnasio.

Aciertos: _____ / 10

5 Practica las formas de los verbos irregulares 불규칙 동사 변화 연습하기
Completa las frases con los siguientes verbos en la forma correcta.
다음 동사들을 알맞게 변형하여 문장을 완성하세요.

> pedir (x2) – dormir – ir (x2)– decir (x2) – seguir

1. El niño _____ a sus padres por la calle.

2. • ¿Qué (usted) _____?
   • _____ que la reunión es a las 18:00.

3. Durante las vacaciones (nosotros) _____ mucho.

4. • ¿Adónde (vosotros) _____?
   • _____ la universidad.

5. • ¿Qué (tú) _____ en la cafetería?
   • _____ un zumo de naranja.

Aciertos: _____ / 8

6 Practica las frases 문장 연습하기
Relaciona las tres columnas y completa con el verbo en la forma correcta para formar frases.
문맥에 맞게 연결하고 주어진 동사를 알맞게 변형하여 문장을 완성하세요.

1. En el bar, los clientes	a. (vestirse) _____	1. despacio por la ciudad.
2. Los ciudadanos	b. (pedir) _____	2. un refresco o un café.
3. Mi hermano	c. (dormir) _____	3. a sus gobernantes.
4. Los alumnos	d. (conducir) _____	4. las faltas.
5. El payaso	e. (corregir) _____	5. a los niños.
6. El chófer	f. (divertir) _____	6. muy elegante.
7. Para la fiesta, Cristina	g. (repetir) _____	7. en su cama.
8. El profesor	h. (elegir) _____	8. las frases que dice el profesor.

Aciertos: _____ / 8

7 Reproduce la comunicación 의사소통 재구성하기
Completa con el verbo en la forma correcta y responde a las preguntas sin repetir el objeto directo. 주어진 동사를 알맞게 변형하여 질문을 완성한 뒤 직접 목적 대명사를 사용하여 질문에 답하세요.

1. • ¿(Oír, tú) _____ este ruido?
   • No, _____ .

2. • ¿(Traducir, usted) _____ el documento?
   • Sí, _____ .

3. • ¿(Reducir, ustedes) _____ los gastos?
   • No, _____ .

4. • ¿(Conducir, tú) _____ el coche?
   • Sí, _____ yo.

Aciertos: _____ / 8

8 **Refuerza los usos de *pedir* y *preguntar*** pedir 동사와 preguntar 동사 용법 강화하기
Completa las frases con el verbo adecuado en la forma correcta. 알맞게 동사 변형하여 문장을 완성하세요.

1. (Yo) _____ un café.
2. Juan _____ a qué hora es la reunión.
3. Estrella _____ a sus colegas dónde está el director.
4. Nosotros _____ más dinero por nuestro trabajo.
5. Ellos _____ cómo funciona la fotocopiadora.
6. Me _____ la hora por la calle.
7. Le _____ al jefe más explicaciones.
8. Te _____ , por favor, ayuda.

Aciertos: _____ / 8

9 **Refuerza la comunicación** 의사소통 능력 강화하기
¿Qué dicen? Completa con los verbos en la forma adecuada.
그들이 무슨 이야기를 하고 있나요? 주어진 동사를 알맞게 변형하여 빈칸을 채우세요.

1. Juan (decir) _____ que desde su habitación (oír) _____ el ruido de los coches.
2. Ellos (decir) _____ que (divertirse) _____ con sus amigos y que (reírse) _____ mucho con ellos.
3. (Decir, yo) _____ que (corregir, ellos) _____ los errores en el ordenador.
4. (Decir, nosotros) _____ que (preferir, nosotros) _____ dormir la siesta.

Aciertos: _____ / 9

TOTAL de aciertos: _____ / 99

1 2 3 **AHORA TÚ** **Tus costumbres en tu ciudad**
PRODUCCIÓN FINAL 최종 연습 당신의 도시에서 보내는 당신의 일상

Escribe un párrafo expresando qué lugares te gustan de tu ciudad y qué medios de transporte usas.
당신이 사는 도시에서 당신은 어떤 장소들을 좋아하는지, 어떤 교통수단을 사용하는지 써 보세요.

_____
_____
_____
_____
_____
_____

UNIDAD 6
Hablar de gustos y preferencias 기호와 취향에 대해 말하기

> No tomo mucha carne, no me gusta. Prefiero comer verdura, fruta y cereales. No me gusta nada la comida preparada. Me parece más sano prepararla yo. Me gustan todos los deportes, pero prefiero nadar y correr.

pág. 112

① ASÍ SE HABLA
FUNCIONES 기능

Preguntar e informar sobre los gustos, las preferencias y las opiniones
기호와 취향, 의견에 대해 질문하고 정보 제공하기

1. Hablar de los gustos 기호에 대해 말하기

- ¿Qué te gusta? 너는 무엇을 좋아하니?
- No me gusta nada la carne. 나는 고기를 전혀 좋아하지 않아.
- Me gusta mucho hacer deporte. 나는 운동하는 것을 매우 좋아해.

- No me gusta el pescado, ¿y a ti? 나는 생선을 좋아하지 않아. 너는?
- A mí tampoco. 나도 안 좋아해.
- A mí sí. 나는 좋아해.

- Me gustan todas las frutas, ¿y a ti? 나는 모든 과일을 좋아해, 너는?
- A mí también. 나도 그래.
- A mí no. 나는 아니야.

2. Preguntar y decir la opinión 의견을 묻고 말하기

- ¿Qué te parece la comida japonesa?
  너는 일본 음식을 어떻게 생각해?
- A mí no me gusta. 나는 좋아하지 않아.
- ¿Te gusta la comida mexicana?
  너는 멕시코 음식 좋아하니?
- Sí, mucho, me parece muy rica.
  응, 정말 좋아해. 매우 맛있다고 생각해.

3. Hablar de las preferencias 취향에 대해 말하기

- ¿Quieres cenar en casa? 너는 집에서 저녁 식사하고 싶니?
- No, prefiero ir a algún restaurante.
  아니, 나는 식당에 가는 것이 더 좋아.
- ¿Te gusta ir solo al restaurante?
  너는 혼자 식당에 가는 것을 좋아하니?
- No, prefiero ir con alguien.
  아니, 나는 누군가와 함께 가는 것을 더 좋아해.

② ASÍ ES
GRAMÁTICA 문법

Los verbos *gustar* y *parecer*, los indefinidos
gustar 동사와 parecer 동사, 부정어

pág. 106

부정문을 만들기 위해서는 no를 간접 목적 대명사 앞에 놓는다.
No me gusta correr.
나는 달리는 것을 좋아하지 않는다.

Me gusta 나는 좋아한다
+ muchísimo 아주 많이
  mucho 많이
  bastante 패
− nada 전혀

			GUSTAR …은/는 …을/를 좋아하다	
(a mí)	**me** 나는		el chocolate 초콜릿을 좋아한다.	(singular)
(a ti)	**te** 너는	gusta	comprar pan 빵을 먹는 것을 좋아한다.	단수
(a él, a ella, a usted)	**le** 그, 그녀, 당신은			
(a nosotros, a nosotras)	**nos** 우리는		los deportes 운동을 좋아한다.	(plural)
(a vosotros, vosotras)	**os** 너희는	gustan	las verduras 채소를 좋아한다.	복수
(a ellos, ellas, ustedes)	**les** 그들, 그녀들, 당신들은			

PARECER …에게는 …인 것 같다 / …처럼 보이다

parecer 동사도 gustar 동사와 같은 용법으로 사용한다.

(a mí)	me 나는	
(a ti)	te 너에게	parece
(a él, a ella, a usted)	le 그, 그녀, 당신에게	

bueno/a(s) 좋아 보인다.
malo/a(s) 나빠 보인다.

(a nosotros, a nosotras)	nos 우리에게	
(a vosotros, vosotras)	os 너희에게	parecen
(a ellos, ellas, ustedes)	les 그들, 그녀들, 당신들에게	

rico/a(s) 맛있어 보인다.
sano/a/(s) 건강해 보인다.

Los indefinidos 부정어
Alguien, algo, nada, nadie 누군가, 어떤 것, 아무것도, 아무도

사람: alguien 누군가 ≠ nadie 아무도

- ¿Hay alguien en casa?
  집에 누구 있어요?
- No, no hay nadie.
  아니요, 아무도 없어요.

사물: algo 어떤 것 ≠ nada 아무것도 (없다)

- ¿Necesitas algo?
  너는 무언가 필요하니?
- No, no necesito nada.
  아니, 아무것도 필요없어.

Algún, alguno(s), alguna(s) 어떤 것 / 사람 ≠ Ningún, ninguno, ninguna 아무것도 / 어떤 사람도 (아니다)
남성 단수 명사 앞에서는 -o가 탈락하여 algún, ningún이 된다.

- ¿Conoces algún restaurante griego?
  너는 아는 그리스 식당이 있니?
- No, no conozco ningún restaurante.
  아니, 아무 식당도 몰라.
- No, no conozco ninguno.
  아니, 아무 데도 몰라.

CON ESTAS PALABRAS
LÉXICO 어휘
Los alimentos 식품

la tortilla de patata
감자 토르티야
(스페인식 감자 오믈렛)

el azúcar
설탕

el vinagre
식초

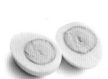
el huevo
계란

el yogur
요구르트

el pollo
닭고기

el salmón
연어

el arroz
쌀

el atún
참치

la pasta
파스타

el helado
아이스크림

el pan
빵

las galletas
비스킷

el jamón
하몬 (돼지 뒷다리 햄)

los cereales
시리얼

el queso
치즈

el marisco
해산물

el salchichón
살치촌
(향신료를 넣어 가공한 소시지)

la sal
소금

la mermelada
잼

el aceite
식용유

la carne
고기

1

Reconoce el vocabulario de la alimentación 음식 관련 어휘 확인하기

Separa las palabras en la espiral y escribe los nombres debajo de cada foto.

단어 소용돌이에서 단어들을 분리하여 알맞은 이미지 아래 단어를 쓰세요.

1. _____
2. _____
3. _____
4. _____
5. _____
6. _____
7. _____
8. _____
9. _____
10. _____
11. _____
12. _____
13. _____
14. _____
15. _____
16. _____
17. _____
18. _____
19. _____
20. _____

Aciertos: _____ / 20

2

Recuerda la forma de las frases 문장의 형식 기억하기

Forma frases, como en el ejemplo. 보기와 같이 문장을 만드세요.

ej. *Pedro, la carne / yo, el pescado*
A Pedro le gusta la carne, pero yo prefiero el pescado.

1. Yo, el aceite / tú, la mantequilla

   _____

2. Él, el arroz con tomate / ella, la pasta

   _____

3. Vosotros, la carne / yo, el pescado

   _____

4. Usted, el queso / nosotros, el jamón

   _____

5. Tú, el helado de fresa / él, el yogur

   _____

Aciertos: _____ / 5

EJERCICIOS

38

3 **Practica los verbos *gustar* y *preferir*** gustar 동사와 preferir 동사 연습하기
Contesta negativamente, como en el ejemplo. 보기와 같이 부정문으로 답하세요.

ej. *¿Le gusta a Juan la carne?*   *No, no le gusta. Prefiere el pescado.*

1. ¿Te gustan los espaguetis?   _____ el arroz.

2. ¿Os gusta el café?   _____ el té.

3. ¿Le gustan a Ana las galletas?   _____ los yogures.

4. ¿Le gusta a usted el jamón de York?   _____ el salchichón.

5. ¿Les gustan a ustedes los refrescos?   _____ el agua.

Aciertos: _____ / 5

4 **Recuerda los indefinidos** 부정어 기억하기
Relaciona las columnas y escribe las frases. 알맞은 것끼리 연결하여 문장을 만드세요.

1. Prefiero pedir   a. nadie   1. ligero para comer.
2. Ana prefiere no decirles   b. alguien   2. que tiene coche.
3. Prefiero no ver a   c. algún   3. a sus padres.
4. A Juan le gusta comer   d. alguna   4. manzana a media tarde.
5. Prefieren volver a casa con   e. algo   5. mientras como.
6. De primero, prefiero tomar   f. nada   6. plato vegetariano.

1. _____
2. _____
3. _____
4. _____
5. _____
6. _____

Aciertos: _____ / 6

5 **Practica los indefinidos** 부정어 연습하기
Completa con *nadie*, *nada*, *ningún*, *ninguno* o *ninguna*.
nadie, nada, ningún, ninguno, ninguna를 사용하여 빈칸을 채우세요.

1. ¿Quieres opinar sobre este plato?   No, prefiero no decir _____.
2. ¿Tienes algún cantante favorito?   No, no tengo _____.
3. ¿Qué restaurante prefieres?   No sé, no conozco _____ restaurante aquí.
4. ¿Quieres hablar con alguien?   No, prefiero no hablar con _____.
5. ¿Te gusta la gastronomía argentina?   No sé, no conozco _____ receta argentina.

Aciertos: _____ / 5

39

6 **Reproduce las frases negativas** 부정문 연습하기
Completa negativamente y di lo contrario. 부정문을 사용하여 반대 의미의 문장을 만드세요.

1. Tú conoces a mucha gente, pero yo no _____
2. Ana sabe hacer muchas cosas, pero Juan no _____
3. Nosotros tenemos muchos amigos, pero él no _____
4. Pedro tiene alguna amiga china, pero yo no _____
5. Carlos tiene muchas cosas, pero sus primos no _____
6. ¿Tienes hambre? Porque yo no _____
7. Los turistas compran muchos recuerdos, pero yo no _____
8. Mi hija lee muchas novelas, pero tú no _____
9. Ustedes conocen a algunas personas aquí, pero ellos no _____
10. Yo pruebo algunos platos distintos, pero mi padre no _____

Aciertos: _____ / 10

7 **Reproduce la información** 들은 내용 재구성하기
Escucha y marca verdadero o falso. 잘 듣고 참 · 거짓을 고르세요.

PISTA 10

	V	F
1. Jaime y María ya están en el mercado.	☐	☐
2. María invita a unos amigos a cenar.	☐	☐
3. María también invita a Jaime.	☐	☐
4. María no sabe qué preparar.	☐	☐
5. Jaime propone hacer una paella.	☐	☐
6. A Elena no le gusta la paella.	☐	☐
7. María necesita marisco.	☐	☐
8. María también compra pollo y verdura.	☐	☐
9. María ya tiene arroz.	☐	☐
10. María va a comprar mucha fruta.	☐	☐

Aciertos: _____ / 10

8 **Refuerza las expresiones** 표현 강화하기
Relaciona. 알맞은 것끼리 연결하세요.

1. A mí no me gusta nada la comida peruana.
2. A nosotros nos gusta cenar en un restaurante los sábados.
3. A mis padres les gusta muchísimo el ceviche.
4. No nos gustan los platos muy fuertes.
5. A Héctor le gusta bastante la comida picante.
6. No me gusta nada este plato.
7. No, no nos gustan las bebidas exóticas.

a. ¿Sí? Pues a mí no, nada. Prefiero quedarme en casa.
b. A los míos también. Lo toman muchas veces.
c. A mí sí, está rico, pero es un poco fuerte.
d. A nosotros tampoco. Preferimos un té o un refresco.
e. No, a mí tampoco. Prefiero comer algo más ligero.
f. Pues a mí sí, me parece muy sabrosa y rica.
g. A mí también. Me encantan los chiles y la comida mexicana.

Aciertos: _____ / 7

9 **Refuerza la comunicación** 의사소통 능력 강화하기
Lee y marca la opción adecuada. 알맞은 답을 고르세요.

1. **¿Te gusta la dieta vegetariana?**
   a. Bien.
   b. Sí, algo.
   c. Me parece bien.

2. **A mí no me gusta el arroz. ¿Y a ti?**
   a. También.
   b. A mí no.
   c. A mí tampoco.

3. **¿No te gusta la paella?**
   a. No, mucha.
   b. No, nada.
   c. Sí, nada.

4. **¿Qué te parece este restaurante?**
   a. No me gusta.
   b. Me parece poco.
   c. No.

5. **¿Te gusta este restaurante?**
   a. Me gusta nada.
   b. Me parece caro.
   c. Lo prefiero caro.

6. **No me gusta la comida española. Y a ti...**
   a. ¿qué te gusta?
   b. ¿qué prefieres?
   c. ¿qué te parece?

Aciertos: _____ / 6

TOTAL de aciertos: _____ / 74

AHORA TÚ

PRODUCCIÓN FINAL 최종 연습

Tu vida sana 당신의 건강한 삶

Escribe un texto sobre tu dieta y tus actividades de vida sana.
당신의 식단과 건강한 삶을 위해 당신이 하는 일을 써 보세요.

_____
_____
_____
_____
_____
_____
_____

41

PREPARA TU EXAMEN 2
시험 준비하기 2

unidades 4 a 6
4과 ～ 6과

1 Lee estos menús y decide qué menú (o qué menús) le corresponde(n) a cada persona, como en el ejemplo. Hay un menú que no debes seleccionar.

메뉴판을 읽고 보기와 같이 메뉴판과 인물을 연결하세요. 1개의 메뉴판은 선택할 수 없습니다. (복수 선택 가능)

menú del día
1.er plato Paella
2.º plato Ensalada mixta
Postre Pan, flan y bebida
1

menú del día
1.er plato Sopa de verduras
2.º plato Pollo asado con patatas fritas
Postre Fruta del tiempo
2

menú del día
1.er plato Crema de espinacas
2.º plato Huevos fritos con patatas
Postre Helado o fruta del tiempo
3

menú del día
1.er plato Ensalada mixta
2.º plato Chuletas de cordero con patatas
Postre Helado de chocolate
4

menú del día
1.er plato Ensalada mixta
2.º plato Pescado a la marinera con gambas
Postre Helado
5

menú del día
1.er plato Ensalada mixta
2.º plato Pescado a la vasca
Postre Tarta de chocolate
6

menú del día
1.er plato Tortilla de patata
2.º plato Filete de cerdo con verduras
Postre Pastel de chocolate
7

menú del día
1.er plato Sopa de marisco
2.º plato Filete de merluza con verdura
Postre Tarta de manzana
8

ej. *Hoy no quiero comer patatas ni carne. Tampoco quiero ensalada.*
Entonces puedes escoger el menú número 8.

a. Quiero sopa, pero no me gustan las espinacas ni el marisco. Tampoco me gusta el pescado.

_____

b. A mí me gustan el marisco y el pescado, pero no me gustan los huevos ni la carne. Tampoco quiero flan.

_____

c. A mí me gustan los huevos y el pescado, pero de postre no quiero helado. Prefiero tarta.

_____

d. Me encanta la verdura, pero el marisco y el arroz no me gustan. Tampoco me gusta el cordero.

_____

e. A mí me gustan mucho las patatas y de postre algo de chocolate.

_____

Escucha y escribe el número en la imagen correspondiente. Hay cuatro imágenes que no debes seleccionar. 잘 듣고 이미지에 알맞은 번호를 쓰세요. 선택할 수 없는 이미지가 4개 있습니다.

PISTA 11

a
b
c
d
e
f
g
h
i
j
k
l

3

Completa con los verbos en la forma correcta. Después, relaciona las frases con su foto correspondiente. 인칭에 맞게 동사 변형하여 빈칸을 채우고 알맞은 이미지와 연결하세요.

1. (Defender, él/ella) _____ a sus clientes.
2. Lo (encender, ellos) _____ para trabajar.
3. Ana siempre las (perder) _____ .
4. Lo (ofrecer, yo) _____ a mis invitados.
5. Siempre lo (obedecer, yo) _____ .
6. Los (poner, yo) _____ en la mochila para clase.
7. Nunca (conducir, yo) _____ rápido.
8. Ana lo (preferir) _____ de chocolate.

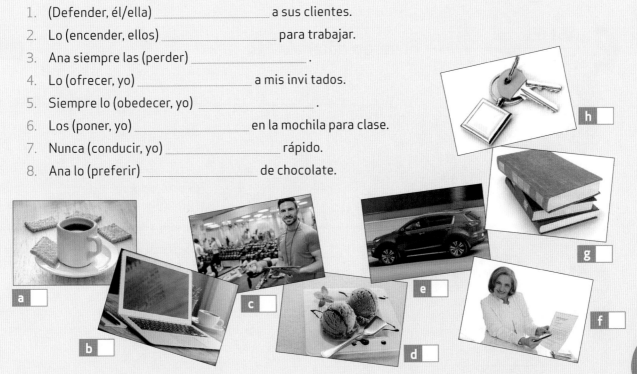

a
b
c
d
e
f
g
h

UNIDAD 7
Ir al médico 병원 가기

BLOG pág. 112

MIS REMEDIOS CASEROS

Los mejores remedios caseros para tu familia

- Si te duele la cabeza, tienes tos y frío, seguramente tienes un resfriado, es bueno tomar una infusión caliente con miel.
- Si te pican los ojos después de trabajar con el ordenador, es bueno mirar por la ventana para descansar los ojos.
- Si te duele la espalda cuando te levantas de la cama, es bueno hacer estiramientos.

ASÍ SE HABLA ——————— Pedir cita con el médico

FUNCIONES 기능 의사와 진료 예약하기

1. Pedir cita 예약하기

- Quería pedir cita para el miércoles.
  수요일로 예약하고 싶은데요.
- ¿A qué hora?
  몇 시요?
- ¿A qué hora tiene consulta el médico?
  의사 진료가 몇 시에 있나요?
- Todos los días de 10:00 a 14:00.
  매일 오전 10시부터 오후 2시까지입니다.

2. Hablar con el médico 의사와 이야기하기

- ¿Qué le pasa?
  어디가 아프시죠?
- Me duele mucho la cabeza.
  머리가 많이 아픕니다.
- Tengo dolor de espalda.
  허리가 아픕니다.
- Tengo fiebre/tos.
  열이 납니다. / 기침을 합니다.
- Tengo mareos.
  현기증이 납니다.

ASÍ ES ——————— El verbo *doler* doler 동사

GRAMÁTICA 문법 pág. 107

			DOLER 아프다	
(a mí)	**me** 나는		**el** brazo 팔이 (단수 명사) 아프다	(singular)
(a ti)	**te** 너는	duele	**la** cabeza 머리가 (단수 명사) 아프다	단수
(a él, a ella, a usted)	**le** 그, 그녀, 당신은			
(a nosotros, a nosotras)	**nos** 우리는		**los** pies 발이 (복수 명사) 아프다	(plural)
(a vosotros, vosotras)	**os** 너희는	duelen	**las** piernas 다리가 (복수 명사) 아프다	복수
(a ellos, ellas, ustedes)	**les** 그들, 그녀들, 당신들은			

다양한 의견을 나타낼 때 사용하는 표현들
- Me interesan las novelas policiacas. ¿Y a él?
  나에게는 탐정 소설이 흥미로워. 그에게는 어때?
- A él también. 그에게도 그래. ≠ A él no. 그에게는 아니야.
- No nos interesan las películas de ciencia ficción. ¿Y a ti?
  우리는 공상 과학 영화에 흥미가 없어. 너는 어때?
- A mí tampoco. 나도 별로야. ≠ A mí sí. 나는 흥미가 있어.

🔎 interesar 관심있다, molestar 성가시다, encantar 매우 좋아하다, fascinar 매료되다와 같은 동사들은 doler 동사와 gustar 동사와 같은 용법으로 활용된다.

la cabeza 머리

el pelo 머리카락

el ojo 눈

la oreja 귀

la nariz 코

el cuello 목

la boca 입

el brazo 팔

el codo 팔꿈치

las manos 손

el hombro 어깨

el pie 발

los dedos 손가락

la muñeca 손목

el tobillo 발목

la pierna 다리

la rodilla 무릎

1 **Reconoce los nombres de las partes del cuerpo humano** 신체 부위명 확인하기
Encuentra 15 palabras relacionadas con el cuerpo humano. 다음 낱말 퍼즐에서 신체 부위명 15개를 찾으세요.

```
O D S U F T U H B R A Z O A J I S
D O B O C A O H B A T D C B P E O
E O M N S T I P E I R O A F U S I
D S J M G T A E C H O C R E M P E
O I B O P F I L T L L F A U F A U
P E H O M B R O L P G I A E G L F
A M B T D S S I R P P B M A A D T
T M A N O E B U I A M U Ñ E C A U
I A N S O O H J O I I N S X N G D
P Y I C T R I T N A R I Z V Q E Z
E M J R O D I L L A E D O Y G J C
C U E L L O A T L C A B E Z A J S
A O T Z G N S S C O L O I T S E A
```

1. _____
2. _____
3. _____
4. _____
5. _____
6. _____
7. _____
8. _____
9. _____
10. _____
11. _____
12. _____
13. _____
14. _____
15. _____

Aciertos: _____ / 15

2 **Recuerda los nombres de las partes del cuerpo humano** 알맞은 신체 부위명 기억하기
Relaciona. 알맞은 것끼리 연결하세요.

a. el ojo
b. el pie
c. la boca
d. el tobillo
e. la mano
1. la cabeza
2. el brazo
3. la pierna
f. el pelo
g. el codo
h. la cara
i. el dedo
j. la oreja
k. la rodilla
l. la muñeca

Aciertos: _____ / 3

3 **Recuerda el léxico** 어휘 기억하기
Escribe el nombre de cada parte del cuerpo. 신체 부위명을 쓰세요.

Aciertos: _____ / 10

Practica el léxico y el verbo *doler* 어휘와 doler 동사 연습하기
Relaciona para formar frases e indica a qué imagen corresponde cada parte del cuerpo.
알맞은 것끼리 연결하여 문장을 만들고 각 문장에 해당하는 이미지를 고르세요.

1. A mí
2. A nosotros
3. A Cristina
4. A ellos
5. A usted
6. A ti
7. A vosotras
8. A María y a Ana
9. A él
10. A ustedes

a. nos duele el estómago. = imagen n.° ⬚
b. les duele la rodilla. = imagen n.° ⬚
c. te duelen los pies. = imagen n.° ⬚
d. me duele la cabeza. = imagen n.° ⬚
e. le duele el codo. = imagen n.° ⬚
f. os duele la espalda. = imagen n.° ⬚

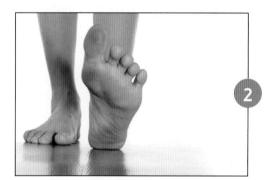

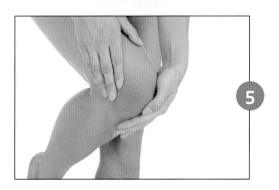

Aciertos: _____ / 10

5 **Reproduce la información** 정보 재구성하기
Contesta a las preguntas. 질문에 답하세요.

1. ¿Te duele la cabeza?   Sí, _____

2. ¿Le duelen a Ana los pies?   No, _____

3. ¿Os duele el brazo?   Sí, _____

4. ¿Le molesta a Juan el ruido?   No, _____

5. A usted le fascina la literatura, ¿verdad?   Sí, _____

6. ¿Les duelen a ellos los pies?   Sí, _____

7. ¿Te molestan los perros?   No, _____

8. ¿Os interesan estas noticias?   Sí, _____

9. ¿Les duele a ustedes la espalda?   No, _____

Aciertos: _____ / 9

6 **Refuerza los verbos** 동사 활용 강화하기
Completa con los verbos en la forma correcta y con los pronombres necesarios.
알맞은 동사형과 목적 대명사를 사용하여 빈칸을 채우세요.

1. • ¿(Gustar, tú) _____ nadar en el mar?

   • Sí, pero ahora no (poder) _____ porque (doler) _____ el hombro.

2. • ¿(Gustar, vosotros) _____ hacer senderismo?

   • Sí, _____, pero hoy no (poder) _____ caminar porque (doler) _____ los pies.

3. • ¿(Gustar, usted) _____ leer?

   • Sí, mucho, (encantar) _____, pero ahora no (poder) _____ porque (picar) _____ los ojos.

4. • ¿(Gustar, Juan y Lola) _____ las películas de acción?

   • (Fascinar, ellos) _____, pero no (poder) _____ ir al cine con nosotros porque a Juan (doler) _____ mucho el estómago.

5. • ¿(Interesar, ustedes) _____ la música clásica?

   • Sí, mucho, pero hoy no (querer) _____ escucharla porque (doler) _____ la cabeza.

6. • ¿(Gustar, Ana) _____ hacer los ejercicios?

   • Sí, pero ahora no (poder) _____ porque (doler) _____ la muñeca.

Aciertos: _____ / 21

7 **Refuerza las expresiones para utilizar con el médico** 의사와 사용하는 표현 연습하기
Escucha y responde a las preguntas. 잘 듣고 질문에 답하세요.

PISTA 12

1. • ¿Por qué llama Juan a la secretaria del doctor Romero?
   • _____

2. • ¿Qué le pasa a Ana?
   • _____

3. • ¿Por qué tiene que descansar Juan?
   • _____

4. • ¿Qué le pasa a José?
   • _____

5. • ¿Qué le duele a Alicia? ¿Por qué?
   • _____

Aciertos: _____ / 5

8 **Refuerza la comunicación** 의사소통 능력 강화하기
Completa el diálogo con los verbos en la forma correcta. 알맞은 동사형으로 빈칸을 채워 대화를 완성하세요.

sentir – pasar – tener (x2) – doler (x5) – poder – toser

• Buenos días. ¿Qué le (1) _____?

• Buenos días, doctor. No me (2) _____ bien. Hace días que me (3) _____ la garganta. Por las noches (4) _____ mucho y no (5) _____ dormir bien.

• ¿También le (6) _____ la cabeza?

• No, no me (7) _____ .

• ¿(8) _____ fiebre?

• No lo sé, creo que sí. (9) _____ mucho frío. También me (10) _____ las piernas y los brazos. ¡Me (11) _____ todo el cuerpo!

Aciertos: _____ / 11

TOTAL de aciertos: _____ / 84

1 2 3 **AHORA TÚ**
PRODUCCIÓN FINAL 최종 연습 — **Hablas con el médico** 의사와 이야기하기

Imagina y escribe un diálogo con el médico.
의사와의 대화를 상상하여 써 보세요.

_____
_____
_____
_____
_____

UNIDAD 8
Describir el carácter 성격 묘사하기

¿Qué tal?
¿Cómo es tu nuevo jefe?

Parece muy serio y exigente,
pero también es muy alegre.

pág. 113

---

① ASÍ SE HABLA
FUNCIONES 기능
Hablar del carácter y comparar personas
성격에 대해 말하고 사람들을 비교하기

1. Describir a una persona 사람 묘사하기

- ¿Cómo es tu jefe? 너의 상사는 어때?
- Es muy simpático. 아주 친절해.
- Es una persona muy trabajadora.
  매우 성실한 사람이야.
- Es más amable que su secretaria.
  그는 그의 비서(여)보다 상냥해.

2. Describir a una persona por su apariencia
겉보기로 사람 묘사하기

- Elisa parece muy optimista.
  엘리사는 아주 낙관적인 것 같아.
- Él parece serio, pero es muy simpático.
  그는 진지한 것 같지만, 매우 상냥해.

---

② ASÍ ES
GRAMÁTICA 문법
Los comparativos y los superlativos 비교급과 최상급

pág. 108

Los comparativos de superioridad e inferioridad
우등 비교와 열등 비교

- **우등 비교:** más + 형용사 + que
  Juan es más inteligente que José.
  후안은 호세보다 더 똑똑하다.
  Ana es más trabajadora que Luis.
  아나는 루이스보다 더 성실하다.

- **열등 비교:** menos + 형용사 + que
  José es menos inteligente que Juan.
  호세는 후안보다 덜 똑똑하다.
  Ana y Luis son menos alegres que ellos.
  아나와 루이스는 그들보다 덜 쾌활하다.

Los comparativos de igualdad
동등 비교

- 동사 + tanto como
  Juan trabaja tanto como Ana.
  후안은 아나만큼 일한다.

- tan + 형용사 + como
  Juan es tan inteligente como Ana.
  후안은 아나만큼 똑똑하다.

- igual de + 형용사 + como
  Juan es igual de inteligente que Ana.
  후안은 아나와 똑같이 똑똑하다.

50

Los comparativos irregulares
비교급 불규칙 형태

- grande → mayor(es)*
  Juan es mayor que Ana.
  후안은 아나보다 나이가 많다.
- pequeño/a → menor(es)*
  Felipe es menor que Juan.
  펠리페는 후안보다 어리다.
- bueno/a → mejor(es)
  Este pastel es mejor que aquel.
  이 케이크가 저 케이크보다 맛있다.
- malo/a → peor(es)
  Esta sopa es peor que esa.
  이 수프가 그 수프보다 맛없다.

🔍 grande와 pequeño의 경우 크기를 비교할 때는 más와 menos를 함께 사용하지만, 나이를 비교할 때는 불규칙 형태인 mayor와 menor를 사용한다.

Esta ventana es más grande que aquella.
이 창문이 저 창문보다 크다.

El superlativo 최상급: el/la/los/las más, el/la/los/las menos

Juan es el más simpático de todos.
후안은 모든 사람 중에 가장 상냥한 사람이다.
Juan y Ana son los más trabajadores de la oficina.
후안과 아나는 사무실에서 가장 성실한 사람들이다.
Lorena es la menos trabajadora de la clase.
로레나는 반에서 가장 성실하지 않은 사람이다.
Clara y María son las menos trabajadoras de aquí.
클라라와 마리아는 여기서 가장 덜 성실한 사람들이다.

El superlativo absoluto 절대 최상급: -ísimo(s), -ísima(s)

- alto/a 높은, 키가 큰 → altísimo/a 매우 높은, 매우 키가 큰
- bueno/a 좋은, 맛있는 → buenísimo/a 매우 좋은, 매우 맛있는
- fácil 쉬운 → facilísimo/a 매우 쉬운
- elegante 우아한 → elegantísimo/a 매우 우아한

rico/a 맛있는, 부유한 → riquísimo/a 매우 맛있는, 매우 부유한
blanco/a 하얀 → blanquísimo/a 매우 하얀
antiguo/a 오래된 → antiquísimo/a 매우 오래된
amable 친절한 → amabilísimo 매우 친절한
agradable 기분 좋은 → agradabilísimo 매우 기분 좋은

3. CON ESTAS PALABRAS
LÉXICO 어휘
El carácter de una persona 사람의 성격

1. Adjetivos de carácter y sus contrarios 성격을 나타내는 형용사와 그 반대말

- antipático/a 불친절한 ≠ simpático/a 친절한
- culto/a 교양있는 ≠ inculto/a 무식한
- discreto/a 신중한 ≠ indiscreto/a 경솔한
- divertido/a 재미있는 ≠ aburrido/a 따분한
- generoso/a 너그러운 ≠ egoísta 이기적인
- listo/a 똑똑한 ≠ tonto/a 멍청한
- mentiroso/a 거짓말을 잘하는 ≠ sincero/a 진솔한
- nervioso/a 불안한 ≠ tranquilo/a 차분한
- trabajador/-a 근면한 ≠ vago/a 게으른

- agradable 쾌활한 ≠ desagradable 불쾌한
- alegre 명랑한 ≠ triste 슬픈, 우울한
- cobarde 비겁한, 겁이 많은 ≠ valiente 용감한
- fiel 충실한 ≠ infiel 충실하지 못한
- optimista 낙관적인 ≠ pesimista 비관적인
- responsable 책임감이 있는 ≠ irresponsable 무책임한
- sensible 섬세한, 예민한 ≠ insensible 무심한
- sociable 사교적인 ≠ tímido 내성적인

2. Otros adjetivos de carácter 성격을 나타내는 다른 형용사들

- cariñoso/a 다정한
- encantador/-a 매력적인
- inteligente 지적인
- exigente 까다로운, 요구가 많은
- amable 다정한, 친절한

1 **Reconoce los adjetivos de carácter** 성격을 나타내는 형용사 확인하기
Señala en la nube 8 adjetivos que tienen forma distinta para el masculino y el femenino y escribe sus contrarios. 남성형과 여성형이 다른 형용사 8개를 고르고 그 반대 의미의 형용사를 쓰세요.

mentiroso
sensible
aburrido
egoísta
culto
generoso
optimista
sociable
responsable
cobarde
simpático
tímido
tranquilo
vago

1. _____
2. _____
3. _____
4. _____
5. _____
6. _____
7. _____
8. _____

Aciertos: _____ / 8

2 **Reconoce la información** 들은 내용 확인하기
Escucha y completa cómo son estas personas.
잘 듣고 인물의 성격을 나타내는 형용사를 사용하여 빈칸을 채우세요.

PISTA 13

1. Juan es _____ , _____ y _____ .
2. El señor López es _____ , _____ e _____ .
3. José y Lola no son _____ , pero son _____ y _____ .
4. Susana y Ana son _____ y _____ , pero a veces son _____ .
5. Isabel no es _____ , es muy _____ .

Aciertos: _____ / 14

3 **Reconoce la comparación** 비교급 확인하기
Relaciona para formar frases. 알맞은 것끼리 연결하여 문장을 완성하세요.

1. Felipe es más tímido…
2. Juan es tan generoso…
3. Antonio es igual de listo…
4. Luis y José son menos optimistas…
5. Pablo no es tan amable…
6. Cristina trabaja tanto…

a. que Ana.
b. como Ana.

Aciertos: _____ / 6

4 Recuerda los adjetivos 형용사 기억하기
Escribe lo contrario. 반대 의미를 가진 형용사를 쓰세요.

1. Juan es muy egoísta.   Al contrario, _____
2. Ana siempre es muy optimista.   Al contrario, _____
3. Estos chicos son muy listos.   Al contrario, _____
4. Elena es muy trabajadora.   Al contrario, _____
5. Los perros son fieles.   Al contrario, _____
6. Tu colega es irresponsable.   Al contrario, _____
7. Este hombre es sincero.   Al contrario, _____
8. Esta chica es aburrida.   Al contrario, _____
9. Tus hermanos son muy tranquilos.   Al contrario, _____
10. Son muy valientes.   Al contrario, _____

Aciertos: _____ / 10

5 Practica la comparación de superioridad 우등 비교 연습하기
Escribe frases, como en el ejemplo. 보기와 같이 문장을 만드세요.

ej. *Juan es inteligente. (Luis, +)*   *Sí, pero Luis es más inteligente.*

1. Anabel es trabajadora. (Paula, +)   _____
2. Juan y José son divertidos. (Ana, +)   _____
3. Ellos son generosos. (vosotros, +)   _____
4. Inés y Carmen son alegres. (José y Óscar, +) _____
5. Este niño es cariñoso. (su hermana, +)   _____

Aciertos: _____ / 5

6 Practica la comparación de inferioridad 열등 비교 연습하기
Responde a las preguntas, como en el ejemplo. 보기와 같이 질문에 답하세요.

ej. *¿Es Juan inteligente? (-, Ana).*   *Sí, pero es menos inteligente que Ana.*

1. • ¿Eres tímido? (-, mi hermano)

   • _____

2. • ¿Elena es amable? (-, José y Ana)

   • _____

3. • ¿Sois sociables? (-, nuestros amigos)

   • _____

4. • ¿Es usted optimista? (-, usted)

   • _____

5. • ¿Son antipáticos estos niños? (-, aquellos)

   • _____

Aciertos: _____ / 5

53

7 **Practica la comparación de igualdad** 동등 비교 연습하기
Expresa la igualdad. 동등 비교를 사용하여 동등함을 표현하세요.

1. Juan es cariñoso. (=, Elena) _____
2. Trabajas mucho. (=, yo) _____
3. Ana es divertida. (=, sus hermanos) _____
4. Ellos aprenden fácilmente. (=, vosotros) _____
5. Mi primo es exigente. (=, tú) _____

Aciertos: _____ / 5

8 **Practica los comparativos irregulares** 불규칙 비교급 연습하기
Completa las frases utilizando el comparativo irregular. 불규칙 비교급을 사용하여 문장을 완성하세요.

1. Mi abuelo es grande, pero ese hombre es _____
2. Esta niña es pequeña, pero aquella es _____
3. Esta película es buena, pero esa es _____
4. Esta revista es mala, pero aquella es _____

Aciertos: _____ / 4

9 **Practica los superlativos** 최상급 연습하기
Responde, como en el ejemplo. 보기와 같이 답하세요.

ej. *¿Es bueno este libro?*   *Sí, es muy bueno. Es buenísimo.*

1. ¿Es inteligente Cristina?   Sí, _____
2. ¿Es fácil este ejercicio?   Sí, _____
3. ¿José y Paco son guapos?   Sí, _____
4. ¿Es alto Juan?   Sí, _____

Aciertos: _____ / 4

10 **Reproduce las respuestas** 대답 재구성하기
Escucha y marca verdadero o falso. Luego, corrige las frases falsas.
잘 듣고 참 · 거짓을 고른 뒤 잘못된 문장을 고치세요.

PISTA 14

	V	F	
1. Ana es la más generosa de sus amigas.	☐	☐	_____
2. Felipe es el más alegre del grupo.	☐	☐	_____
3. Cristina es más trabajadora que Luis.	☐	☐	_____
4. Ellos son tan tímidos como ellas.	☐	☐	_____
5. José es más amable que Lola.	☐	☐	_____

Aciertos: _____ / 5

11. Reproduce la información contraria 반대 표현 재구성하기
Responde y escribe lo contrario, como en el ejemplo. 보기와 같이 반대로 답하세요.

ej. *¿Es este libro bueno?*   *No, es malísimo.*

1. ¿Son antipáticos tus colegas?   No, _____
2. ¿Es moderna tu casa?   No, _____
3. ¿Está Juan alegre hoy?   No, _____
4. ¿Son ellos desagradables?   No, _____
5. ¿Está este pastel malo?   No, _____
6. ¿Son grandes estas flores?   No, _____

Aciertos: _____ / 6

12. Refuerza los comparativos y superlativos 비교급과 최상급 연습하기
Subraya la forma correcta. 알맞은 답을 고르세요.

1. Juan es *menos/el menos* listo de todos.
2. Estudio *tanto que/tanto como* ellos.
3. Esta tarta es *más/la más* rica que esa.
4. Esos coches son *más/los más* rápidos que el mío.
5. Esta chica es *igual de/tanto como* guapa que aquella.
6. Estos cuadros son *más/los más* feos de todos.

Aciertos: _____ / 6

TOTAL de aciertos: _____ / 78

AHORA TÚ
PRODUCCIÓN FINAL 최종 연습

Dos conocidos tuyos 당신의 지인 2명

Piensa en dos personas conocidas tuyas y compáralas.
당신의 지인 2명을 생각하며 그들을 비교해 보세요.

_____
_____
_____
_____
_____
_____
_____

UNIDAD 9
Hablar de actividades actuales y deportes 현재 활동과 운동에 대해 말하기

Practico baloncesto desde pequeño y, desde hace tres años, estoy jugando en un equipo de mi ciudad. Ahora estamos entrenando para el partido del sábado.

pág. 113

ASÍ SE HABLA — Hablar de aficiones y deportes
FUNCIONES 기능   취미와 운동에 대해 말하기

1. Preguntar e informar sobre aficiones 취미에 대해 질문하고 정보 제공하기

- ¿Qué te gusta hacer en tu tiempo libre?
  너는 자유 시간에 뭐 하는 걸 좋아하니?
- Me gusta hacer deporte con mis amigos.
  나는 친구들과 함께 운동하는 걸 좋아해.

2. Preguntar sobre deportes 운동에 대해 질문하기

- ¿Practicas algún deporte? 너는 운동을 하니?
- Sí, juego al fútbol. 응, 축구 해.

- ¿Qué deportes practicas? 너는 어떤 운동을 하니?
- Actualmente estoy jugando al baloncesto en un equipo.
  지금은 팀에서 농구를 하고 있어.
- Natación, nado todas las semanas. 수영, 나는 매주 수영해.

ASÍ ES — *Estar + gerundio y los pronombres*
GRAMÁTICA 문법   현재 진행형(estar + 현재 분사)과 목적 대명사

pág. 108~109

부정문
- ¿Estás entrenando?
  너는 훈련하고 있니?
- No, no estoy entrenando ahora.
  아니, 지금은 훈련하고 있지 않아.

ESTAR + gerundio estar + 현재 분사: 현재 진행형

yo	estoy	
tú	estás	
él, ella, usted	está	cantando (ar 동사)
nosotros, nosotras	estamos	comiendo (er 동사)
vosotros, vosotras	estáis	viviendo (ir 동사)
ellos, ellas, ustedes	están	

Los gerundios irregulares 불규칙 현재 분사
verbos en -*ir* con cambio vocálico 모음이 바뀌는 -ir 동사

presente 현재형	e → i	gerundio 현재 분사
	• decir 말하다 → digo, dices...	diciendo
	• pedir 요구하다 → pido, pides...	pidiendo
	• servir 제공하다 → sirvo, sirves...	sirviendo
presente 현재형	e → ie	
	• divertir 즐겁게 하다 → divierto, diviertes...	divirtiendo
	• sentir 느끼다 → siento, sientes...	sintiendo
presente 현재형	o → ue	
	• dormir 자다 → duermo, duermes...	durmiendo

Gerundios en -yendo -yendo로 끝나는 현재 분사

- ir 가다 → yendo
- leer 읽다 → leyendo
- oír 듣다 → oyendo
- caer 떨어지다, 넘어지다 → cayendo
- construir 건축하다 → construyendo
- traer 가져오다 → trayendo

🔎 어간이 모음으로 끝나는 -er/ir 동사의 경우 -iendo 대신 -yendo가 된다.

El gerundio con pronombres 현재 진행형에서 목적 대명사의 위치

- Estoy leyendo el libro. 나는 책을 읽고 있다.
  Lo estoy leyendo./Estoy leyéndolo. 나는 그것을 읽고 있다.
- Está dando a Ana el regalo. 아나에게 선물을 주고 있다.
  Le está dando el regalo./Está dándole el regalo.
  아나에게 그것을 주고 있다.   그녀에게 선물을 주고 있다.
- Él se está lavando la cara./Él está lavándose la cara.
  그는 얼굴을 스스로 씻고 있다 (세수하고 있다).
  Él se la está lavando./Está lavándosela. 그는 세수하고 있다.

🔎 목적 대명사는 현재 분사 뒤에 바로 붙여 쓰거나 estar 동사 앞에 위치하며, 현재 분사 뒤에 붙여 쓸 때 음절이 늘어나는 경우 원래의 강세 위치에 강세 표시를 해 준다.

③ CON ESTAS PALABRAS
LÉXICO 어휘

Los deportes y el material deportivo 운동과 운동 도구

1. Los deportes 운동

Hacer... 하다

deporte 스포츠

gimnasia 체조

ejercicio 운동

Practicar/Hacer... 연습하다 / 하다

senderismo (andar) 등산 (걷다)

natación (nadar) 수영 (수영하다)

atletismo (correr) 육상 (달리다)

ciclismo (montar en bici) 사이클 (자전거를 타다)

Jugar al... 시합을 하다

tenis 테니스

golf 골프

fútbol 축구

baloncesto 농구

2. El material deportivo 운동 도구

el balón de fútbol 축구공

el balón de baloncesto 농구공

la pelota de tenis 테니스공

la pelota de golf 골프공

la raqueta 라켓

los palos de golf 골프채

las botas de senderismo 등산화

los esquies 스키

las gafas de nadar 물안경

la bici de montaña 산악자전거

① Reconoce los nombres de los deportes 스포츠명 확인하기

Busca en la sopa de letras el nombre de 10 deportes o actividades deportivas y 5 materiales deportivos. 다음 낱말 퍼즐에서 10개의 스포츠명과 5개의 운동 도구를 찾으세요.

```
D E P G N A S E F U
B A L O N C E S T O
O T A L R I N Q E A
T L C F N C D U N F
A E A B A L E I I U
S T A L T I R R S T
G I M N A S I A A B
L S O N C M S Q G O
D M A R I O M U A L
S O A L O T O E F A
B A L O N U R T A D
L T P E L O T A S I
```

1. _____
2. _____
3. _____
4. _____
5. _____
6. _____
7. _____
8. _____
9. _____
10. _____
a. _____
b. _____
c. _____
d. _____
e. _____

Aciertos: _____ / 15

② Recuerda los nombres de los deportes 스포츠명 기억하기

Relaciona cada frase con una foto y escribe el nombre del deporte.
각 문장을 알맞은 이미지와 연결한 뒤 스포츠명을 쓰세요.

1. Se juega con una raqueta.
2. Se necesita un palo.
3. El balón es blanco y negro.
4. Se practica en una piscina.
5. Se necesitan buenas botas.
6. Se utiliza una bici.
7. Se practica en un gimnasio.
8. Se juega con un balón naranja.

 a _____
 b _____
 c _____
 d _____
 e _____
 f _____
 g _____
 h _____

Aciertos: _____ / 8

3 Recuerda la forma de los gerundios 현재 분사의 형태 기억하기
¿Qué están haciendo? Escribe las frases. 그들은 뭘 하고 있습니까? 문장을 만드세요.

1. Raquel y Santi _____

2. Roberto _____

3. Marina _____

4. Nosotros _____

5. Yo _____

6. Vosotras _____

Aciertos: _____ / 6

4 Practica e identifica los deportes 스포츠명 연습하고 확인하기
Escucha y responde a las preguntas. 잘 듣고 질문에 답하세요.

PISTA 15

1. ¿Qué deportes le gustan a Ana? _____
   ¿Y a sus hermanos? _____

2. ¿Qué deporte practica Juan? _____
   ¿Y sus amigos? _____

3. ¿Qué deporte les gusta a José y Lola? _____
   ¿También le gusta a Cristina? _____

4. ¿Cuál es el deporte favorito de Felipe? _____
   ¿Y de María? _____

Aciertos: _____ / 8

5 Practica *estar + gerundio* 현재 진행형 연습하기
Contesta a las preguntas. 질문에 답하세요.

1. ¿Qué estás haciendo? (jugar) _____ un partido de fútbol.
2. ¿Qué están haciendo? (correr) _____ un maratón.
3. ¿Qué estáis haciendo? (escribir) _____ un e-mail.
4. ¿Qué está haciendo Luis? (preparar) _____ su mochila.
5. ¿Qué están haciendo ustedes? (leer) _____ el horario del gimnasio.
6. ¿Qué está haciendo usted? (ir) _____ a la piscina.
7. ¿Qué estás haciendo? (ver) _____ el partido de fútbol en la tele.

Aciertos: _____ / 7

6 Reproduce la información 들은 내용 재구성하기
Escucha y contesta a las preguntas, como en el ejemplo. 잘 듣고 보기와 같이 질문에 답하세요.

PISTA 16

ej. *¿Quién está practicando golf?* *Juan lo está practicando. / Juan está practicándolo.*

1. ¿Quién está ganando el partido de tenis?
2. ¿Quién está viendo el partido en la tele?
3. ¿Quién está haciendo senderismo?
4. ¿Quién está corriendo el maratón?
5. ¿Quién se está poniendo las botas?

Aciertos: _____ / 10

7 Refuerza los verbos irregulares en gerundio 불규칙 현재 분사 용법 강화하기
Escribe las frases, como en el ejemplo. 보기와 같이 문장을 만드세요.

ej. *(corregir los ejercicios, yo)* *Corrijo los ejercicios. → Estoy corrigiendo los ejercicios.*

1. (dormir la siesta, los niños)
2. (divertirse mucho, nosotros)
3. (repetir la frase, ellos)
4. (vestir a los niños, vosotros)
5. (pedir la cuenta, yo)
6. (servir la comida, el camarero)
7. (decir algo interesante, el profesor)

Aciertos: _____ / 14

8 **Refuerza el gerundio con pronombres** 목적 대명사와 함께 쓰는 현재 분사 용법 강화하기

Contesta a las preguntas, como en el ejemplo. 보기와 같이 질문에 답하세요.

ej. *¿Quién está preparando la cena? (Luis)*   *Luis la está preparando. / Luis está preparándola.*

1. • ¿Está leyendo los resultados del campeonato?

   • (Sí) _____

2. • ¿Está Antonio duchándose?

   • (No) _____

3. • ¿Quién está comprando las gafas de natación?

   • (Cristina) _____

4. • ¿Quién está explicando las reglas del juego?

   • (El entrenador) _____

5. • ¿Están ustedes sirviendo el café?

   • (Los invitados) _____

6. • ¿Se está usted entrenando para el maratón?

   • (Sí) _____

Aciertos: _____ / 12

TOTAL de aciertos: _____ / 80

AHORA TÚ

PRODUCCIÓN FINAL 최종 연습

Tu actividad (deportiva) favorita
당신이 좋아하는 활동 (운동)

Piensa en una actividad, puede ser deportiva, y escribe un texto explicándola.
활동 하나를 생각하세요. 운동도 괜찮습니다. 그 활동을 설명하는 글을 쓰세요.

_____
_____
_____
_____
_____
_____
_____

PREPARA TU EXAMEN 3

unidades 7 a 9

시험 준비하기 3

7과 ~ 9과

1 ¿Qué deportes practican? Escucha el diálogo entre dos amigos y selecciona la imagen que corresponde a cada enunciado. Tienes que seleccionar solo cinco imágenes.

그들은 어떤 운동을 합니까? 두 친구 사이의 대화를 듣고 지문에 알맞은 이미지를 고르세요. 5개의 이미지만 선택할 수 있습니다.

PISTA 17

Enunciado

1. Ana va a su clase de…
2. Ana lo practica dos veces a la semana.
3. Juan va a la montaña en invierno.
4. En verano Juan lo hace.
5. Juan lo ve en televisión, pero no lo practica.

Imagen

2 Lee el correo electrónico de Susana en el que describe a sus amigos. Después, responde a las preguntas, marcando la opción correcta. 친구들을 묘사하는 수사나의 이메일을 읽고 알맞은 답을 고르세요.

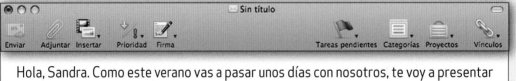

Hola, Sandra. Como este verano vas a pasar unos días con nosotros, te voy a presentar a mis amigos y así los conoces un poco. Tengo muchos amigos, pero todos son muy diferentes. Luisa, por ejemplo, habla muchísimo y es muy sociable. Puede hablar fácilmente con gente que no conoce. Le encanta conocer nuevas personas y hacer nuevos amigos. Juan también es una persona encantadora y, sobre todo, muy generoso. Nos invita a su casa y, en el bar, muchas veces paga él. En cambio, Felipe no sale mucho con nosotros. Se pasa el tiempo estudiando. Le encanta leer y estudiar cosas nuevas. Sabe muchísimas cosas. ¿Begoña? Uy, Begoña es una mujer muy inteligente, pero nunca habla con nadie. Es un poco especial. En fin, así son mis amigos.

1. Los amigos de Susana son…

   a. muy parecidos   b. muy simpáticos   c. muy diferentes   d. muy altos

2. Luisa es…

   a. tímida   b. cariñosa   c. extrovertida   d. discreta

3. Juan es…

   a. simpático   b. tacaño   c. vago   d. generoso

4. Felipe es…

   a. tonto   b. bien educado   c. culto   d. listo

5. Begoña es…

   a. cobarde   b. tímida   c. simpática   d. grosera

Lee estos nueve anuncios. Después, relaciona siete enunciados con su anuncio. Hay dos anuncios que no debes seleccionar. 9개의 광고문을 읽고 7개의 지문을 알맞은 광고문에 연결하세요. 2개의 광고문은 선택할 수 없습니다.

Enunciado	Anuncio
1. Terapia teatral para tímidos.	☐
2. Elección de personal para comunidad de vecinos.	☐
3. Grupo de amigos interesados en el arte.	☐
4. Hombre solo y deportista.	☐
5. Jóvenes deportistas.	☐
6. Se ofrece para trabajar con tus hijos.	☐
7. Intercambio lingüístico.	☐

a

Grupo de corredores

Si quieres prepararte para el próximo maratón de la ciudad, ven a correr con nosotros. Entrenamos todos los miércoles y los fines de semana. Grupo de jóvenes deportistas de tu ciudad, no importa la edad.

b

Escuela de idiomas

Buscamos personas nativas para intercambiar conversación con estudiantes extranjeros. Si eres comunicativo y quieres mejorar tu nivel de idiomas, te esperamos en Gran Vía, 5. Completamente gratuito.

c

Tienda de moda

Buscamos dependientes simpáticos, elegantes y con capacidad de ventas para nueva tienda del centro de la ciudad. Imprescindible buena presencia y seriedad. Enviar CV a: modoshoy@gmail.com

d

Curso de comunicación a través del teatro

Si quieres hacer nuevos amigos, si no sabes cómo hablar con personas desconocidas, ya está abierto nuestro plazo de matrícula. En este curso de comunicación personal, con actividades de teatro y de grupo, vamos aprender a expresarnos. Ven e infórmate.

e

Se busca compañero de piso

Grupo de estudiantes internacionales ofrece dos habitaciones libres en piso compartido. Imprescindible, tolerancia y buena educación.

f

Nuevo en la ciudad

Soy nuevo en la ciudad y busco amigos. Simpático, abierto. Me gusta el baloncesto y correr. Busco similar para amistad.

g

Cuidado de niños

Persona cariñosa, paciente, amante de los niños y con experiencia se ofrece para fines de semana o para las tardes.

h

Reunión de vecinos

Se convoca a todos los vecinos a una reunión extraordinaria el próximo lunes para elegir a los nuevos porteros. Por favor, os rogamos la asistencia de todos.

i

Amigos del museo

Si quieres compartir tus conocimientos, si el arte para ti es importante, el grupo Amigos del Museo de la Ciudad te da la bienvenida. Mañana día de puertas abiertas. Ven a conocernos.

UNIDAD 10
Planificar viajes 여행 계획하기

Mira, este verano podemos ir a México, a Cancún.

Sí, vamos a tomar el sol. Yo voy a descansar y voy a leer mucho.

pág. 113

---

1 ASÍ SE HABLA
FUNCIONES 기능 ——— Hablar de planes y de ideas futuras 계획과 미래에 대한 생각 말하기

1. Preguntar por los planes futuros
미래 계획에 대해 질문하기

- ¿Qué vas a hacer este verano?
  너는 올여름에 뭘 할 거니?

- ¿Qué planes tienes para la semana que viene?
  너는 다음 주에 무슨 계획이 있니?

2. Explicar planes y presentar acciones futuras
계획을 설명하고 미래 행동을 제시하기

- Este verano pienso relajarme en la playa.
  올여름에 나는 바닷가에서 푹 쉴 생각이야.

- La semana que viene voy a visitar a mis padres.
  다음 주에 나는 부모님을 방문할 거야.

---

2 ASÍ ES
GRAMÁTICA 문법 ——— El futuro próximo: *ir a* + infinitivo y los pronombres
근접 미래: ir a + 동사 원형과 대명사의 사용

pág. 109

이동을 나타내는 동사는 전치사 a와 함께 사용한다.
Viajar a Perú.
페루로 여행하다.

IR a + infinitivo ir a + 동사 원형: …할 것이다		
yo	voy	
tú	vas	
él, ella, usted	va	
nosotros, nosotras	vamos	a + 동사 원형
vosotros, vosotras	vais	
ellos, ellas, ustedes	van	

🔍 대명사의 위치는 ir 동사 바로 앞이나 동사 원형 바로 뒤에 붙여서 사용한다. 음절이 늘어나는 경우 동사 원형의 원래 강세 위치에 강세 표시를 해야 한다.

CON ESTAS PALABRAS
LÉXICO 어휘 —— Los viajes 여행

1. Medios de transporte, lugares, objetos y personas 교통수단, 장소, 사물과 사람

el aeropuerto 공항

la estación (de trenes) (기차)역

la estación (de autobuses) 버스 (터미널)

la agencia de viajes 여행사

el avión 비행기

el tren 기차

el autobús 버스

el billete 표

la tarjeta de embarque 탑승권

el hotel 호텔

la casa rural 전원주택

el albergue 산장, 순례자용 숙박시설

el conductor 기사

la azafata/ auxiliar de vuelo 항공 승무원

el piloto 조종사

la maleta 여행 가방, 트렁크

la mochila 배낭

el equipaje (여행용의) 짐, 수하물

2. Verbos y sustantivos abstractos 동사와 추상 명사

- organizar → la organización
  조직하다   조직
- reservar → la reserva
  예약하다   예약
- llegar → la llegada
  도착하다   도착, 도착하는 곳
- despegar → el despegue
  이륙하다   이륙
- ir → la ida
  가다   출발
- alquilar → el alquiler
  빌리다   임대료

- viajar → el viaje
  여행하다   여행
- volar → el vuelo
  날다   비행
- salir → la salida
  떠나다   출구, 출발하는 곳
- aterrizar → el aterrizaje
  착륙하다   착륙
- volver → la vuelta
  돌아오다   귀환
- facturar → la facturación
  탁송하다   체크인 데스크

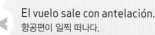

≪ El vuelo sale con antelación.
항공편이 일찍 떠나다.

≠

El vuelo sale con retraso.
항공편이 연착하여 떠나다. ≫

≪ • Salir de viaje / vacaciones / Madrid.
여행을 / 휴가를 / 마드리드를 떠나다.
• Llegar de viaje / vacaciones / Madrid.
여행 / 휴가 / 마드리드에서 돌아오다.
• Llegar a Madrid.
마드리드에 도착하다. ≫

1 **Reconoce el léxico de los viajes** 여행 관련 어휘 확인하기
Busca en la sopa de letras 18 palabras relacionadas con los viajes.
다음 낱말 퍼즐에서 여행 관련 단어 18개를 찾으세요.

E	A	D	U	A	N	A	S	T	E	V	E	R	A	P
N	L	O	O	E	Q	U	I	P	A	J	E	S	V	A
D	B	E	S	E	A	A	M	O	S	U	E	N	I	S
A	E	R	O	P	U	E	R	T	O	A	S	S	S	A
M	R	U	A	I	T	M	Y	R	F	E	T	L	A	P
I	G	B	V	L	O	O	C	E	E	S	A	V	D	O
A	U	I	I	O	B	C	O	N	D	U	C	T	O	R
C	E	L	O	T	U	H	A	M	C	I	I	O	N	T
E	S	L	N	O	S	I	B	A	U	E	O	N	V	E
I	A	E	J	E	M	L	U	L	Y	F	N	E	L	I
H	O	T	E	L	Z	A	G	E	N	C	I	A	E	S
T	A	E	N	C	I	A	Y	T	H	A	S	T	A	L
A	Z	A	F	A	T	A	A	A	A	V	U	E	L	T	A

1. _____
2. _____
3. _____
4. _____
5. _____
6. _____
7. _____
8. _____
9. _____
10. _____
11. _____
12. _____
13. _____
14. _____
15. _____
16. _____
17. _____
18. _____

Aciertos: _____ / 18

2 **Reconoce las frases posibles** 가능한 문장 확인하기
Relaciona y forma todas las frases posibles. 알맞은 것끼리 연결하여 가능한 모든 문장을 만드세요.

- Toledo mañana.
- antelación al aeropuerto.

1. Juan sale
2. Ana llega

- de
- con
- a

- vacaciones.
- viaje.
- retraso a todas partes.
- las 9:00.

1. _____
2. _____
3. _____
4. _____
5. _____
6. _____
7. _____
8. _____
9. _____
10. _____
11. _____
12. _____

Aciertos: _____ / 12

3 **Recuerda la forma del verbo *ir* para expresar futuro próximo** 근접 미래 표현을 위한 ir 동사의 활용 기억하기
Completa las frases utilizando el mismo verbo en el futuro próximo.
문장에 사용된 동사를 사용하여 근접 미래형으로 빈칸을 채우세요.

1. Voy a la playa todos los días, pero hoy _____ de compras.

2. Generalmente viajamos en avión, pero esta vez _____ en tren.

3. Normalmente cenamos con ellos en un restaurante mexicano, pero esta noche, _____ en un restaurante español.

4. Cada año José pasa el verano en Asturias, pero este año _____ lo en Andalucía.

5. Cada viernes salgo con María, pero esta semana, _____ con Felipe.

Aciertos: _____ / 5

4 **Recuerda la posición de los pronombres con el futuro próximo** 근접 미래형에서 대명사의 위치 기억하기
Responde a las preguntas de dos maneras diferentes, como en el ejemplo.
보기와 같이 2가지 방법으로 질문에 답하세요.

ej. *¿Vas a vestirte ahora?*   *Sí, voy a vestirme ya. / Sí, me voy a vestir ya.*

1. ¿Juan va a ducharse?   Sí, _____
                                   Sí, _____

2. ¿Vais a levantaros temprano?   No, _____
                                   No, _____

3. ¿Va a presentarse usted al examen? No, _____
                                       No, _____

4. ¿Vas a ponerte elegante para la fiesta? Sí, _____
                                            Sí, _____

5. ¿Va usted a acostarse tarde?   No, _____
                                   No, _____

Aciertos: _____ / 10

5 **Practica *ir a* + infinitivo** ir a + 동사 원형 연습하기
Pon las frases siguientes en el futuro próximo. 다음 문장을 근접 미래형으로 바꾸세요.

1. Compramos los billetes de tren.   _____
2. No viajan en avión.   _____
3. Visitáis los sitios arqueológicos.   _____
4. Reservo una habitación.   _____
5. No alquilan una casa rural.   _____
6. El avión despega dentro de poco.   _____
7. El tren llega con retraso.   _____
8. No voy a Barcelona.   _____
9. Pedimos el visado para ir a China.   _____
10. Recogen el equipaje.   _____

Aciertos: _____ / 10

6 **Practica el presente y el futuro próximo** 현재형과 근접 미래형 연습하기

Completa con los verbos en la forma y el tiempo adecuados. 알맞은 시제와 동사형으로 빈칸을 채우세요.

1. Normalmente, Ana (comprar) _____ los billetes a última hora, pero esta vez, los (comprar) _____ antes de ir a la estación.
2. (Soler, yo) _____ viajar con una sola maleta, pero (llevar) _____ otra más grande porque, si no, no (poder) _____ llevar la ropa de esquiar.
3. Por lo general, (llamar, nosotros) _____ a Guadalupe cada fin de semana, pero esta semana (llamar) _____ el jueves, porque se (ir, ella) _____ de vacaciones.
4. Cada año, (viajar, ellos) _____ a una región diferente. Este verano (alquilar, ellos) _____ una casa rural en Sevilla porque (pasar) _____ las vacaciones en Andalucía.

Aciertos: _____ / 11

7 **Practica *ir a* + infinitivo con los pronombres** ir a + 동사 원형 + 대명사 연습하기

Responde a las preguntas de dos maneras diferentes, como en el ejemplo.
보기와 같이 2가지 방법으로 질문에 답하세요.

ej. *¿Te vas a comprar el billete de avión hoy?*   *Sí, voy a comprármelo. / Sí, me lo voy a comprar.*

1. ¿Te vas a llevar la mochila?
   _____
2. ¿Os vais a comprar una guía turística de Roma?
   _____
3. ¿Nos van a dar el visado?
   _____
4. ¿Se van a poner ustedes el cinturón de seguridad antes del aterrizaje?
   _____

Aciertos: _____ / 8

8 **Reproduce las preguntas** 질문 재구성하기

Formula las preguntas. 질문을 만드세요.

1. _____   Sí, voy a comprar el billete de ida y vuelta.
2. _____   No, no vamos a facturar las maletas ahora.
3. (Usted) _____   Sí, voy a pasar la aduana.
4. _____   No, no van a alquilar un coche.

Aciertos: _____ / 4

9 **Reproduce la información** 정보 재구성하기

Completa el diálogo utilizando el futuro próximo sin repetir el objeto directo, como en el ejemplo.
보기와 같이 근접 미래형과 직접 목적 대명사를 사용하여 대화를 완성하세요.

ej. • *Normalmente, Juan compra con antelación sus billetes de tren, pero mañana no.*
   • *¿Por qué no los va a comprar con antelación?*
   • *(No conocer la fecha exacta) Pues no va a comprarlos con antelación porque no conoce la fecha exacta de su viaje.*

1. • Habitualmente, llamo a mis padres cada sábado a las 18:00, pero hoy no.
   • ¿Por qué (tú) _____?
   • (ir al aeropuerto) _____.
2. • Por lo general, viajamos en tren, pero esta vez no.
   • ¿(vosotros) _____?
   • (alquilar un coche) _____.

3. • Habitualmente, reservamos una habitación en un hotel, pero esta vez no.
    • ¿(Ustedes) _____?
    • (Ir a un albergue) _____.

4. • Cada año os mando postales, pero este verano no.
    • ¿(Tú) _____?
    • (Mandar fotos por Internet) _____.

5. • Por lo general, van de vacaciones en agosto, pero este año no.
    • ¿_____?
    • (ir a esquiar en febrero) _____.

Aciertos: _____ / 10

---

10 **Refuerza la comunicación** 의사소통 능력 강화하기
Escucha y responde a las preguntas. 잘 듣고 질문에 답하세요.

PISTA 18

ej. *¿Cuándo va a comprar el billete para Chile?*   *Va a comprarlo esta tarde.*

1. ¿Va a comprar Juan una guía de Argentina? _____
2. ¿Cuándo va Ana a buscar el visado? _____
3. ¿Qué va a hacer Lola con las maletas? _____
4. ¿Por qué van a visitar el museo? _____
5. ¿Cuándo va a reservar las habitaciones? _____

Aciertos: _____ / 5

---

11 **Refuerza tu vocabulario** 어휘력 강화하기
Escribe el sustantivo correspondiente a cada verbo. 주어진 동사의 명사형을 쓰세요.

1. alquilar   → _____
2. aterrizar   → _____
3. despegar   → _____
4. facturar   → _____
5. ir   → _____
6. llegar   → _____
7. organizar   → _____
8. reservar   → _____
9. salir   → _____
10. viajar   → _____
11. volar   → _____
12. volver   → _____

Aciertos: _____ / 12

TOTAL de aciertos: _____ / 105

---

1 2 3 **AHORA TÚ**   **Tus próximas vacaciones**
PRODUCCIÓN FINAL 최종 연습   당신의 다음 휴가

Piensa en tus próximas vacaciones, ¿qué planes tienes? Explícalos.
당신의 다음 휴가를 생각해 보세요. 어떤 계획이 있습니까? 설명해 보세요.

_____
_____
_____
_____
_____

¿Qué tal el fin de semana?

Genial. He ido a Sevilla. Ha sido fantástico.

¿Y tú, dónde has estado?

He ido a la montaña y he hecho muchas fotos. ¿Quieres verlas?

pág. 113

ASÍ SE HABLA
FUNCIONES 기능

Hablar de las actividades realizadas
완료된 행동에 대해 말하기

Preguntar e informar de actividades realizadas 완료된 행동에 대해 질문하고 정보 제공하기

- ¿Has estado alguna vez en España?
  너는 스페인에 가 본 적이 있니?
- Sí, he estado muchas veces.
  응, 나는 많이 가 봤어.
- No, no he estado nunca.
  아니, 나는 한 번도 가 본 적이 없어.
- ¿Cuándo has ido a la playa por última vez?
  너는 언제 마지막으로 바닷가에 갔니?
- Este verano.
  올여름에.

- ¿Cuántas veces has viajado a Barcelona?
  너는 바르셀로나에 몇 번 여행 가 봤니?
- He viajado una vez / dos veces.
  나는 한 번 / 두 번 여행했어.
- Nunca he ido a Barcelona.
  나는 한 번도 바르셀로나에 가 본 적이 없어.
- ¿Qué habéis hecho estas vacaciones?
  너희는 이번 휴가 때 뭐 했니?
- Hemos ido a Andalucía.
  우리는 안달루시아에 갔어.

ASÍ ES
GRAMÁTICA 문법

El pretérito perfecto compuesto 현재 완료

pág. 109~110

HABER + participio 과거 분사	
yo	he
tú	has
él, ella, usted	ha
nosotros, nosotras	hemos
vosotros, vosotras	habéis
ellos, ellas, ustedes	han

viaj**ado** (ar 동사)
com**ido** (er 동사)
viv**ido** (ir 동사)

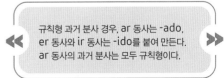
규칙형 과거 분사 경우, ar 동사는 -ado, er 동사와 ir 동사는 -ido를 붙여 만든다. ar 동사의 과거 분사는 모두 규칙형이다.

Los participios irregulares 불규칙 과거 분사

- hacer 하다 → hecho
- poner 놓다 → puesto
- romper 깨다, 부수다 → roto
- escribir 쓰다 → escrito
- ver 보다 → visto
- volver 돌아오다 → vuelto
- abrir 열다 → abierto
- decir 말하다 → dicho
- descubrir 발견하다 → descubierto
- resolver 해결하다 → resuelto
- morir 죽다 → muerto

◀◀ 파생 동사의 과거 분사도 동일한 형태로 바뀐다.
deshacer 분해하다 → deshecho
disponer 배치하다 → dispuesto
devolver 돌려주다 → devuelto
describir 묘사하다 → descrito ▶▶

Uso del pretérito perfecto compuesto 현재 완료 용법

1. 과거에 일어난 행위가 현재까지 영향을 미칠 때 사용하며, hoy (오늘), esta semana (이번 주), este mes (이번 달), este año (올해) 등 현재를 포함하는 부사와 함께 사용한다.

Hoy he comido una manzana. 오늘 나는 사과를 먹었다.
Esta semana no he visto a Juan. 이번 주에 나는 후안을 보지 못했다.
Este mes he comprado muchos libros. 이번 달에 나는 많은 책을 샀다.
Este año hemos viajado mucho. 올해 우리는 여행을 많이 했다.

2. 현재까지 직접적인 영향을 미친 과거의 행위를 말할 때 사용하며, últimamente (최근에), alguna vez (언젠가), ya (이미), todavía/aún no (아직/아직 아닌), nunca (한 번도…아닌), jamás (절대로) 등의 부사와 함께 사용한다.

No he llamado a María últimamente. 최근에 나는 마리아에게 전화하지 않았다.

- ¿Ya ha salido el avión para Bogotá? 보고타행 비행기는 이미 떠났습니까?
- Sí, ya ha salido. 네, 이미 떠났습니다.
- No, todavía no ha salido. 아니요, 아직 떠나지 않았습니다.

- ¿Has ido alguna vez a Salamanca? 너는 살라망카에 가 본 적이 있니?
- Sí, he ido muchas veces. 응, 많이 가봤어.
- No, nunca he estado allí. 아니, 그곳에 한 번도 가 본 적이 없어.

---

③ **CON ESTAS PALABRAS** ——————— Las vacaciones 휴가
LÉXICO 어휘

1. Actividades de vacaciones 휴가 활동

visitar un museo
박물관/미술관 방문하기

jugar en la piscina
수영장에서 놀기

tomar el sol
일광욕하기

hacer surf
서핑하기

pasear
산책하기

leer
독서하기

hacer fotos
사진 찍기

recorrer una ciudad
도시를 돌아다니기

dormir la siesta
낮잠자기

hacer una excursión
관광 여행하기

2. Objetos 물품

la guía 가이드북

la tabla de surf 서핑 보드

la toalla 타월

la sombrilla 파라솔

las gafas de sol 선글라스

la crema solar 선크림

la cámara 카메라

las chanclas 슬리퍼

1
Reconoce los participios 과거 분사 확인하기
Escribe el infinitivo de los siguientes participios. 다음 과거 분사의 동사 원형을 쓰세요.

1. _____
2. _____
3. _____
4. _____
5. _____
6. _____
7. _____
8. _____
9. _____
10. _____
11. _____
12. _____
13. _____
14. _____
15. _____
16. _____

visto
vuelto
hablado
hecho
dicho
roto
viajado
vivido
muerto
puesto
resuelto
comido
salido
escrito
abierto
bebido

Aciertos: _____ / 16

2
Recuerda la forma del pretérito perfecto compuesto 현재 완료형 기억하기
Completa las frases utilizando el mismo verbo en pretérito perfecto compuesto.
문장에 사용된 동사를 사용하여 빈칸을 현재 완료 시제로 채우세요.

1. Todos los días come con sus compañeros, pero hoy _____ con Pablo.
2. Siempre salgo de casa a las 8:00, pero hoy _____ a las 9:00.
3. Todas las semanas vamos al cine, pero esta semana _____ al teatro.
4. Cada mes visito a mis abuelos, pero este mes no los _____ .
5. Suelen viajar solos, pero este año _____ con un grupo.
6. En mi ciudad hace mucho frío en invierno, pero últimamente no _____ frío.
7. Normalmente no escribo SMS en el trabajo, pero hoy _____ varios.

Aciertos: _____ / 7

3
Recuerda el pretérito perfecto compuesto y el adverbio *aún o todavía*
현재 완료와 부사 aún/todavía 기억하기
Responde negativamente, como en el ejemplo. 보기와 같이 부정문으로 답하세요.

ej. *¿Sabes si viene María? (llamar)*   *No, aún (todavía) no la he llamado.*

1. ¿Ya conoces esta región? (visitar)   No, _____
2. ¿Has preparado ya el regalo de Juan? (envolver)   No, _____
3. ¿Habéis mandado la carta? (escribir)   No, _____
4. ¿Conoces ya el nuevo restaurante? (ver)   No, _____

Aciertos: _____ / 4

4. Recuerda el pretérito perfecto compuesto y los adverbios *también* y *tampoco*

현재 완료와 부사 también/tampoco 기억하기

Responde a las preguntas, como en el ejemplo. 보기와 같이 질문에 답하세요.

ej. *Ya he visitado ese museo. ¿Y tú?*   *Yo también lo he visitado.*

Todavía no/Nunca he visitado ese museo. ¿Y tú?   *Yo tampoco lo he visitado.*

1. Ya he resuelto el problema. ¿Y tú? _____
2. Nunca he visitado esta región. ¿Y usted? _____
3. Aún no hemos llamado a Luis. ¿Y ustedes? _____
4. Luis ya ha vuelto de viaje. ¿Y Ana? _____
5. Juan nunca ha roto nada. ¿Y José? _____
6. He hecho ya las maletas. ¿Y vosotros? _____
7. Todavía no he reservado la habitación. ¿Y tú? _____
8. Nunca he visto esta película. ¿Y usted? _____

Aciertos: _____ / 8

5. Practica las preguntas y las respuestas 질문과 대답 연습하기

Completa con los verbos en la forma correcta y responde a las preguntas.

알맞게 동사 변형하여 빈칸을 채우고 질문에 답하세요.

1. • ¿(Leer, tú) _____ alguna vez una novela de Cervantes? (ninguna)
   • _____

2. • ¿(Visitar, usted) _____ este museo? (todavía no)
   • _____

3. • ¿(Resolver, tú) _____ el problema? (aún no)
   • _____

4. • ¿(Estar, vosotros) _____ alguna vez en Grecia? (jamás)
   • _____

5. • ¿(Hacer, ustedes) _____ ya esta excursión? (sí)
   • _____

6. • ¿(Volver, ellos) _____ de viaje? (todavía no)
   • _____

Aciertos: _____ / 12

6. Practica las respuestas con los pronombres 목적 대명사를 사용하여 대답 연습하기

Responde a las preguntas sin repetir el objeto directo, como en los ejemplos.

보기와 같이 직접 목적 대명사를 사용하여 질문에 답하세요.

ej. *¿Ya has comprado el billete?*   *Sí, ya lo he comprado. / No, aún (todavía) no lo he comprado.*

¿Ya has llamado a Ana?   *Sí, ya la he llamado. / No, aún (todavía) no la he llamado.*

1. ¿Ya has comprado la crema solar?   Sí, _____
2. ¿Ya ha comprado la guía turística?   No, _____
3. ¿Ya habéis escrito el correo electrónico?   Sí, _____
4. ¿Ya han reservado las habitaciones?   No, _____
5. ¿Ya te has comprado la raqueta?   Sí, _____
6. ¿Ya os han dicho el nombre del hotel?   Sí, _____
7. ¿Ya has puesto las gafas de sol en el bolso?   No, _____
8. ¿Ya has leído el artículo sobre Guatemala?   Sí, _____

Aciertos: _____ / 8

7 Reproduce la información 들은 내용 재구성하기

¿Qué han hecho? Escucha y responde a las preguntas. 그들이 뭘 했나요? 잘 듣고 질문에 답하세요.

PISTA 19

1. ¿Ha visto Anabel a Carlos esta semana?

   _____

2. ¿Dónde ha estado Carlos?

   _____

3. ¿Con quién ha ido?

   _____

4. ¿Qué ha hecho Lola?

   _____

5. ¿Y Juan?

   _____

6. ¿Ha estado Carlos en la catedral?

   _____

7. ¿Qué han hecho por las noches?

   _____

8. Y Anabel, ¿qué ha hecho esta semana?

   _____

Aciertos: _____ / 8

8 Reproduce un texto 문장 재구성하기

Completa el texto con los verbos siguientes en la forma adecuada. 알맞게 동사 변형하여 빈칸을 채우세요.

> leer - levantarse - seguir - comprar - ir - mirar - indicar - jugar - encontrarse
> perderse - dormir - decidir - llegar - desayunar - comer

Hoy, Juan y Ana (1) _____ ir de excursión a un parque natural. (2) _____ a las 7:00 de la mañana y (3) _____ pan con mermelada. Después, (4) _____ unos bocadillos y agua en un supermercado.

Primero (5) _____ en coche hasta la entrada del parque. Allí (6) _____ el recorrido en el mapa, y (7) _____ el sendero indicado. A las 14:00 (8) _____ los bocadillos junto a la orilla del lago. Después, (9) _____ la siesta y Ana (10) _____ con su perro.

A la vuelta a casa, (11) _____ mal las instrucciones y (12) _____ durante dos horas.

Por suerte, (13) _____ con otros excursionistas que les (14) _____ el camino correcto. (15) _____ a casa muy cansados.

Aciertos: _____ /15

74

9 Refuerza el aprendizaje 학습 내용 강화하기

¿Ser o estar? Completa con el verbo adecuado en pretérito perfecto compuesto.

ser 동사 또는 estar 동사 중 알맞은 동사를 사용하여 현재 완료 시제로 만드세요.

1. Hoy _____ un día muy agradable.

2. Este invierno las temperaturas _____ muy bajas.

3. La conferencia no _____ muy interesante.

4. Ana _____ enferma varias veces este año.

5. Mis hermanos _____ fuera de casa todo el día.

6. Esta semana _____ muy difícil para los niños.

7. Esta semana Carlos y yo _____ de viaje.

Aciertos: _____ / 7

10 Refuerza la comunicación 의사소통 능력 강화하기

Selecciona la opción adecuada. 알맞은 답을 고르세요.

1. **Quiero tomar el sol.**
   a. Voy al cine.
   b. Voy a casa.
   c. Voy a la playa.

2. **Para evitar problemas con el sol, compro… en la farmacia.**
   a. agua
   b. una toalla
   c. crema solar

3. **Compramos una guía para…**
   a. leer una novela.
   b. recorrer un país.
   c. descansar.

4. **Me gusta hacer deporte en la playa. Compro…**
   a. una guía.
   b. una sombrilla.
   c. una tabla de surf.

5. **Vamos a la playa. Para protegernos del sol, llevamos…**
   a. unas chanclas.
   b. una sombrilla.
   c. una toalla.

6. **A Teresa le gusta la cultura. Cuando viaja, …**
   a. toma el sol en la playa.
   b. visita todos los museos.
   c. duerme la siesta.

Aciertos: _____ / 6

TOTAL de aciertos: _____ / 91

1 2 3 AHORA TÚ

PRODUCCIÓN FINAL 최종 연습

Tus vacaciones pasadas
당신의 지난 휴가

Escribe un texto contando tus vacaciones pasadas: ¿qué has hecho estas vacaciones?
당신의 지난 휴가에 대해 글을 써 보세요. 휴가 때 당신은 무엇을 했나요?

_____
_____
_____
_____
_____
_____

UNIDAD 12
Describir en pasado 과거 시제로 묘사하기

Cuando era niña, vivía en la ciudad, pero los fines
de semana iba al pueblo de mis abuelos. Allí,
todo era diferente. Me gustaba mucho.
Todavía recuerdo los niños con los que jugaba o
el río al que íbamos y en el que nos
bañábamos en verano. Era una época muy
feliz, no tenía ninguna preocupación.

pág. 113

ASÍ SE HABLA
FUNCIONES 기능

Describir personas, lugares y cosas en el pasado
과거 시제로 사람과 장소, 사물 묘사하기

> 사람과 함께 사용하는 관계 대명사:
> con el/la que = con quien …와/과 함께 하는 (단수)
> para el/la que = para quien …을/를 위한 (단수)
> del/de la que = de quien …의 (단수)
> con los/las que = con quienes …와/과 함께 하는 (복수)
> para los/las que = para quienes …을/를 위한 (복수)
> de los/las que = de quienes …의 (복수)

Añadir información sobre personas y cosas 사람과 사물에 대한 정보를 덧붙일 때

- El bolígrafo con el que escribía era azul. 내가 쓰던 볼펜은 파란색이었다.
- La chica con la que jugaba era mi prima. 내가 함께 놀던 여자아이는 나의 사촌이었다.
- El pueblo en el que vivíamos era pequeño. 우리가 살던 시골 마을은 작았다.
- El hombre del que estoy hablando era mi abuelo. 내가 이야기하고 있는 남자는 나의 할아버지였다.
- El niño para el que compraba el regalo era su hijo. 그가 선물을 사 주던 남자아이는 그의 아들이었다.
- La terraza desde la que te llamo está en la plaza Mayor. 내가 너에게 전화한 테라스는 마요르 광장에 있다.

ASÍ ES
GRAMÁTICA 문법

El pretérito imperfecto 불완료 과거

pág. 110

> Hay mucha gente en la plaza.
> 광장에 많은 사람이 있다. (현재)
> → Ayer había mucha gente.
> 어제 많은 사람이 있었다. (과거)

	Verbos regulares 규칙 동사		
	CANTAR 노래하다	COMER 먹다	VIVIR 살다
yo	cantaba	comía	vivía
tú	cantabas	comías	vivías
él, ella, usted	cantaba	comía	vivía
nosotros, nosotras	cantábamos	comíamos	vivíamos
vosotros, vosotras	cantabais	comíais	vivíais
ellos, ellas, ustedes	cantaban	comían	vivían

Verbos irregulares 불규칙 동사

	IR 가다	SER ···이다	VER 보다
yo	iba	era	veía
tú	ibas	eras	veías
él, ella, usted	iba	era	veía
nosotros, nosotras	íbamos	éramos	veíamos
vosotros, vosotras	ibais	erais	veíais
ellos, ellas, ustedes	iban	eran	veían

CON ESTAS PALABRAS
LÉXICO 어휘

Los paisajes y el clima 풍경과 기후

1. Los paisajes 풍경

la playa 해변

la ola 파도

la arena 모래

el mar 바다

la montaña 산

el bosque 숲

el cielo 하늘

la isla 섬

el lago 호수

el desierto 사막

el río 강

el volcán 화산

la flor 꽃

el árbol 나무

la hoja 나뭇잎

2. El clima: adjetivos y sustantivos 기후를 표현하는 형용사와 명사

- continental → el continente
  대륙의   대륙
- desértico → el desierto
  사막의   사막
- ecuatorial → el ecuador
  적도의   적도
- mediterráneo → el mar Mediterráneo
  지중해의   지중해
- oceánico → el océano
  대양의   대양
- tropical → el trópico
  열대의   열대 지방

- caluroso → el calor
  무더운   더위
- húmedo → la humedad
  습한   습기
- lluvioso → la lluvia
  비가 잦은   비
- nublado → la nube
  흐린   구름
- seco → la sequía
  건조한   가뭄
- soleado → el sol
  화창한   해
- tormentoso → la tormenta
  비바람치는   폭풍우

la flora 식물군
= la vegetación
(한 지역의) 식물 집단

la fauna 동물군
= los animales 동물들

1 **Reconoce las palabras** 어휘 확인하기
Escribe el sustantivo correspondiente, como en el ejemplo. 보기와 같이 알맞은 명사형을 쓰세요.

ej. *soleado* *el sol*

1. lluvioso _____
2. desértico _____
3. oceánico _____
4. continental _____
5. ecuatorial _____
6. caluroso _____
7. húmedo _____
8. nublado _____
9. seco _____

Aciertos: _____ / 9

2 **Reconoce los paisajes** 풍경 어휘 확인하기
¿Quién soy? Lee, adivina y escribe el nombre adecuado. 나는 누구일까요? 읽고 알맞은 단어로 빈칸을 채우세요.

1. Tengo hojas. Soy _____
2. Soy azul o gris según el tiempo. Soy _____
3. La gente que practica *windsurf* me necesita. Soy _____
4. Soy el conjunto de todas las plantas. Soy _____
5. Soy muchos árboles. Soy _____
6. Vivo sola en medio del agua. Soy _____
7. Siempre estoy en las playas y desiertos. Soy _____
8. Soy el conjunto de todos los animales. Soy _____

Aciertos: _____ / 8

3 **Reconoce la información** 들은 내용 확인하기
Escucha y marca verdadero o falso. Luego, corrige las frases falsas.
잘 듣고 참 · 거짓을 고르세요. 그리고 틀린 문장을 고치세요.

PISTA 20

	V	F	
1. José jugaba en la calle con sus amigos.	☐	☐	_____
2. A Ana le gustaba estudiar por la noche.	☐	☐	_____
3. Juan veía mucha tele porque le gustaban los documentales.	☐	☐	_____
4. Lola y Ana hacían mucho deporte.	☐	☐	_____

Aciertos: _____ / 4

4 Recuerda la forma del imperfecto 불완료 과거형 기억하기
Completa las frases con los verbos en la forma correcta del pretérito imperfecto.
알맞은 불완료 과거형으로 빈칸을 채우세요.

1. Cuando yo (ser) _____ pequeño, (vivir) _____ en Barcelona, pero mi hermano (estudiar) _____ en Inglaterra.

2. Ayer, el sol (brillar) _____ y (hacer) _____ mucho calor. No (hacer) _____ viento y el aire (ser) _____ caliente.

3. (Haber) _____ mucha gente en la playa: unos (bañarse) _____ y otros (tomar) _____ el sol.

4. El lago al que (ir, nosotros) _____ cada año (ser) _____ muy grande. (Quedarse, nosotros) _____ allí todo el verano.

5. (Ver, vosotros) _____ a vuestros amigos todos los días cuando (salir) _____ del colegio. (Vivir, vosotros) _____ todos en el mismo barrio.

Aciertos: _____ / 16

5 Practica la forma y el uso del imperfecto 불완료 과거의 용법과 형태 연습하기
Completa los textos con el verbo adecuado en el pretérito imperfecto.
인칭에 맞게 불완료 과거형으로 변형하여 이야기를 완성하세요.

> quedarse - levantarse - tener - ser - hacer - despertar - ducharse

1. Cuando yo _____ niño, _____ una vida muy tranquila. Todos los días _____ lo mismo. Cada mañana, mi madre nos _____ a las 7:30. Primero _____ mi hermano mayor. Yo siempre _____ en la cama unos minutos más mientras mi hermano _____

> vestirse - ir - subir - empezar - llevar - ponerse - lavarse - desayunar

2. Después de ducharme, _____ (siempre _____ vaqueros). Luego, _____ a la cocina. _____ todos juntos, _____ los dientes y mis hermanos y yo _____ al coche. Mi padre nos _____ al colegio porque mi madre _____ a trabajar antes.

> salir - sentarse - montar - estar - vivir - volver - merendar - haber - correr

3. Después del colegio, (yo) _____ a casa con mi amigo Juan, que _____ en la misma calle. (Nosotros) _____ un bocadillo en su casa y luego _____ a jugar con los amigos. _____ en bici, _____ detrás de un balón, y cuando _____ cansados, _____ en el banco que _____ delante de mi casa.

> ser - ayudar - sacar - encantar - volver - gustar - hacer - entender

4. A las 19:00 _____ a nuestras casas. (Yo) _____ los deberes y mi hermano me _____ con las Matemáticas porque no me _____ nada y nunca _____ los ejercicios. En cambio, me _____ la Historia. _____ mi asignatura favorita y _____ muy buenas notas.

Aciertos: _____ / 32

79

6 **Practica el imperfecto y los relativos** 불완료 과거와 관계 대명사 연습하기
Transforma las frases, como en el ejemplo. 보기와 같이 문장을 바꾸세요.

ej. *Vivo en una casa. (el campo)*   *La casa en la que vivía estaba en el campo.*

1. Ana trabaja en una tienda. (en el centro) _____

2. Seguimos un sendero. (muy largo) _____

3. Hablo de un hotel. (muy caro) _____

4. Coméis en un restaurante. (muy bueno) _____

5. Hablan con unos hombres. (cubanos) _____

6. Te llamo desde la calle. (muy ruidosa) _____

7. Juan está en un camping. (cerca del mar) _____

8. Nos hablan de unas chicas. (simpáticas) _____

9. Voy al cine con un amigo. (chileno) _____

10. Pasamos por un pueblo. (pequeño) _____

Aciertos: _____ / 10

7 **Reproduce la información** 들은 내용 재구성하기
Escucha y responde a las preguntas: ¿Dónde vivían? ¿Cómo era el clima? ¿Qué hacían?
잘 듣고 질문에 답하세요. 그들은 어디서 살았나요? 기후는 어땠나요? 그들은 뭘 하곤 했나요?

PISTA 21

1. Carmen _____

2. Felipe _____

3. Guadalupe _____

4. Pedro y Anabel _____

Aciertos: _____ / 4

8 **Refuerza el vocabulario** 어휘력 강화하기
Subraya la opción correcta en cada caso. 알맞은 답을 고르세요.

1. Un clima desértico es un clima húmedo/tropical/seco.

2. Un clima mediterráneo es un clima lluvioso/templado/tropical.

3. Un cielo sin nubes es un cielo tormentoso/lluvioso/soleado.

4. Un clima tropical es un clima frío/caluroso/tormentoso.

Aciertos: _____ / 4

9 **Refuerza los usos del pretérito perfecto compuesto y el imperfecto** 현재 완료와 불완료 과거 용법 강화하기
Completa las frases con los verbos en la forma correcta del perfecto compuesto o del imperfecto.
현재 완료 또는 불완료 과거를 사용하여 문장을 만드세요.

1. Esta mañana (ponerse, yo) _____ un jersey porque (hacer) _____ frío.

2. Esta semana no (nevar) _____, por eso no (poder, ellos) _____ esquiar.

3. Hoy, cuando (llegar, yo) _____ a casa, no (haber) _____ nadie.

4. El libro que (acabar, yo) _____ esta mañana me (parecer) _____ muy interesante.

Aciertos: _____ / 8

10 **Refuerza los relativos con preposición** 전치사와 함께 쓰는 관계 대명사 용법 강화하기
Marca la opción correcta para formar una frase. 알맞은 답을 골라 문장을 완성하세요.

1. El pueblo
   a. del que
   b. de quien
   c. en el que
   estamos es muy bonito.

2. Los amigos
   a. con que
   b. con quienes
   c. para los que
   jugaba mi hermana eran italianos.

3. El hotel
   a. en el que
   b. desde el que
   c. el que
   te llamo es muy moderno.

4. La chica
   a. de quien
   b. para la que
   c. de la que
   he comprado estas flores es mi novia.

5. El hombre
   a. con el que
   b. de que
   c. para el que
   Ana está hablando es guía turístico.

Aciertos: _____ / 5

TOTAL de aciertos: _____ / 100

AHORA TÚ
PRODUCCIÓN FINAL 최종 연습 ——— **Tu infancia** 당신의 어린 시절

Escribe un breve texto explicando dónde vivías, con quién y qué te gustaba hacer cuando eras pequeño.
당신이 어렸을 때 어디서 누구와 살았는지, 뭘 하는 것을 좋아했는지 짧은 글을 써 보세요.

_____
_____
_____
_____
_____
_____

1 ¿Futuro próximo, pretérito perfecto compuesto o pretérito imperfecto? Completa las preguntas con los verbos en la forma correcta y responde a las preguntas.

근접 미래, 현재 완료 또는 불완료 과거 중 알맞은 시제를 활용하여 질문을 완성한 뒤 질문에 답하세요.

1. • ¿(Ir, tú) _____ a Argentina en tus próximas vacaciones?

   • No, ya _____ varias veces y prefiero cambiar.

2. • ¿(Estar, vosotros) _____ alguna vez en Salamanca?

   • No, aún no _____, pero _____ el próximo fin de semana.

3. • ¿(Vivir, ellos) _____ en España cuando eran niños?

   • No, no _____ aquí, _____ en Colombia.

4. • ¿Dónde estás? ¿Ya (llegar) _____ a casa?

   • No, todavía no _____ .

5. • ¿Cuándo (comprar, ustedes) _____ sus billetes de tren?

   • Ya los _____ esta mañana.

2 Clasifica estas palabras. 아래의 단어들을 항목에 맞게 분류하세요.

1. la arena
2. el cine
3. las plantas
4. el avión
5. el mar
6. la maleta
7. el concierto
8. las chanclas
9. las flores
10. el río
11. la sombrilla
12. el teatro
13. el equipaje
14. los árboles
15. el sol
16. el museo
17. la facturación
18. el metro

la playa	el bosque	la ciudad	el aeropuerto

Escucha y marca la foto correcta. 잘 듣고 알맞은 이미지를 고르세요.

PISTA 22

1. Antonio ha comprado…

a ☐   b ☐   c ☐   d ☐

2. Este verano Ana no ha ido…

a ☐   b ☐   c ☐   d ☐

3. ¿Qué tiempo ha hecho durante las vacaciones de José?

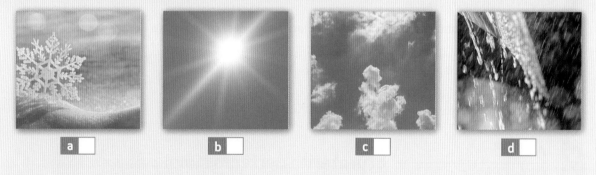

a ☐   b ☐   c ☐   d ☐

4. Pablo ha vuelto de vacaciones en…

a ☐   b ☐   c ☐   d ☐

UNIDAD 13
Contar la historia 역사에 대해 말하기

Colón llegó a América el 12 de octubre de 1492. Viajaron en tres barcos: la Pinta, la Niña y la Santa María. Navegaron durante mucho tiempo. Un día, un marinero vio una isla y gritó: «¡Tierra a la vista!». Cuando Colón volvió a España, informó de su viaje a los Reyes Católicos.

pág. 113

ASÍ SE HABLA
FUNCIONES 기능 — Hablar de eventos pasados 지난 사건들에 대해 말하기

> **Preguntar e informar sobre acciones pasadas** 지난 일들에 대해 질문하고 정보 제공하기
>
> - ¿Cuándo llegó Colón a América? 콜론이 언제 아메리카 대륙에 도착했습니까?
> - Llegó en 1492. 1492년에 도착했습니다.
>
> - ¿Saliste al parque ayer? 어제 너는 공원에 나갔니?
> - No, ayer me quedé en casa. Salí el sábado. 아니, 어제는 집에 있었어. 토요일에 나갔어.

ASÍ ES
GRAMÁTICA 문법 — El pretérito perfecto simple 단순 과거

pág. 110

	Verbos regulares 규칙 동사		
	VIAJAR 여행하다	**VOLVER** 돌아오다	**DESCUBRIR** 발견하다
yo	viajé	volví	descubrí
tú	viajaste	volviste	descubriste
él, ella, usted	viajó	volvió	descubrió
nosotros, nosotras	viajamos	volvimos	descubrimos
vosotros, vosotras	viajasteis	volvisteis	descubristeis
ellos, ellas, ustedes	viajaron	volvieron	descubrieron

Verbos de cambio ortográfico (yo)
1인칭 (yo)의 철자가 변하는 동사들

- 어미가 -gar로 끝나는 동사
  llegar 도착하다 → llegué (나는) 도착했다.
- 어미가 -zar로 끝나는 동사
  comenzar 시작하다 → comencé (나는) 시작했다.
- 어미가 -car로 끝나는 동사
  explicar 설명하다 → expliqué (나는) 설명했다.

🔎 -gar, -zar, -car로 끝나는 동사의 예
  -gar: jugar 놀다, pagar 지불하다, pegar 붙이다
  -zar: almorzar 점심을 먹다, cruzar 건너다
  -car: sacar 꺼내다, tocar 만지다, 악기를 연주하다

Uso del pretérito perfecto simple 단순 과거 용법

단순 과거는 과거에 이미 끝난 동작이나 상태를 표현할 때 사용되며, 주로 ayer (어제), anoche (어젯밤), la semana pasada (지난주), el mes / año / siglo pasado (지난달 / 지난해 / 지난 세기), en + año (몇 년도에), hace + tiempo (몇 년 전에)와 함께 사용된다.

Ayer, el profesor nos explicó cómo empezó la II Guerra Mundial.
어제 선생님이 제2차 세계 대전이 어떻게 시작했는지 우리에게 설명했다.

La semana pasada eligieron un nuevo presidente en Argentina. 지난주 아르헨티나에서 새 대통령을 선출했다.

En 1971 Pablo Neruda recibió el Premio Nobel de Literatura. 1971년 파블로 네루다가 노벨 문학상을 받았다.

Hace dos años, Ana y Luis viajaron por América Latina. 2년 전, 아나와 루이스는 라틴 아메리카를 여행했다.

강세 부호(´)는 매우 중요하다.
viajo (나) 여행하다 = 직설법 현재 1인칭 단수형 yo
viajó (그/그녀/당신) 여행했다 = 단순 과거 3인칭 단수형 él/ella/usted

동사 원형에 모음 두 개가 연속으로 오는 동사들은 3인칭 단·복수에서 어미의 모음 i가 y로 바뀐다.
- creer 믿다 → creyó, creyeron
- leer 읽다 → leyó, leyeron
- oír 듣다 → oyó, oyeron
- construir 건축하다 → construyó, construyeron

CON ESTAS PALABRAS
LÉXICO 어휘
Los acontecimientos históricos 역사적 사건들

Los romanos conquistaron España en el 218 a. C.
로마인들이 기원전 218년에 스페인을 정복했다.

En la Edad Media se construyeron muchos castillos.
중세에 많은 성이 건축되었다.

Los árabes vivieron en España ocho siglos, del 711 al 1492.
아랍인들은 711년부터 1492년까지 8세기 동안 스페인에서 살았다.

La guerra entre árabes y cristianos acabó en 1492.
아랍인들과 기독교인들의 전쟁은 1492년에 끝났다.

Colón viajó en tres barcos y llegó a América en 1492.
콜론은 배 3척으로 여행했고, 1492년에 아메리카 대륙에 도착했다.

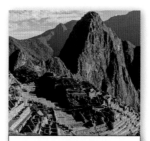

Los incas organizaron un gran imperio en Sudamérica durante tres siglos.
잉카인들은 남아메리카에서 3세기 동안 위대한 제국을 다스렸다.

Los aztecas gobernaron México y construyeron grandes pirámides.
아스테카인들은 멕시코를 통치했고, 커다란 피라미드들을 건축했다.

Cervantes escribió el *Quijote* y se publicó en 1605.
세르반테스가 "돈키호테"를 썼고, 1605년에 출판되었다.

1 **Reconoce las formas del pretérito perfecto simple** 단순 과거형 확인하기

Encuentra en la sopa de letras 21 formas del pretérito perfecto simple. Clasifícalas según la persona y escribe el infinitivo correspondiente.

낱말 퍼즐에서 단순 과거형 21개를 찾아 인칭에 맞게 분류한 뒤 동사 원형을 쓰세요.

```
E J E V I S T E R C O M E N C E H M E L
L C O C S E R U L D X T C M W C A Y O G
C O E Ñ V B A L E Y O E A R E M Z O N C
O N M E V I B M V E J X R M E E T Y A R
M S Y D C H A P O A L C R I T I Q U E E
I T F E R R J J I L N F O M A P M A C Y
E R I S E C A V A C I I J N A O F O P E
R U R T Ñ O S M B S C M D A Q S E A S R
O I M R A A T U P A T J R F A U O N D O
N S A U R F E R N Q U E F C R E I O E N
C T R Y O V I V I S T E I S F U E S X O
A E O E N H E R H U O E E S Ñ A R N T N
F I N R V A P E N S A M O S I S A I U O
C S E O N J Y E L I D A L L E G U E O R
H J K N K U O V T L E I S T E I S A N R
```

Yo: infinitivo:

1. _____ _____

2. _____ _____

3. _____ _____

4. _____ _____

5. _____ _____

6. _____ _____

Tú:

7. _____ _____

8. _____ _____

Él/ella/usted:

9. _____ _____

10. _____ _____

11. _____ _____

12. _____ _____

Nosotros/as: infinitivo

13. _____ _____

14. _____ _____

Vosotros/as:

15. _____ _____

16. _____ _____

17. _____ _____

Ellos/ellas/ustedes:

18. _____ _____

19. _____ _____

20. _____ _____

21. _____ _____

Aciertos: _____ / 21

2 **Recuerda las formas** 단순 과거형 기억하기
Escribe estos verbos en pretérito perfecto simple en la persona indicada.
제시된 인칭에 맞게 단순 과거형을 쓰세요.

1. invadir (tú) _____
2. quedar (nosotros) _____
3. vivir (yo) _____
4. construir (vosotros) _____
5. empezar (él) _____
6. iniciar (ustedes) _____
7. nacer (usted) _____
8. organizar (nosotros) _____
9. tomar (tú) _____
10. inspirar (ellas) _____
11. tomar (yo) _____
12. acabar (vosotros) _____

Aciertos: _____ / 12

3 **Recuerda las formas en contexto** 문맥에 알맞은 동사형 기억하기
Responde a las preguntas utilizando el mismo verbo. 질문에 사용된 동사와 같은 동사를 사용하여 질문에 답하세요.

1. • ¿Adónde viajaste el verano pasado?
   • _____ a México.
2. • ¿Quién organizó el viaje?
   • Lo _____ Antonio y Anabel.
3. • ¿Viajasteis juntos?
   • Sí, _____ juntos.
4. • ¿Qué visitasteis?
   • _____ los sitios arqueológicos aztecas.
5. • ¿Estuvisteis siempre juntos durante el viaje?
   • Sí, _____ juntos.
6. • ¿No visteis las pirámides mayas?
   • Sí, claro que las _____.
7. • ¿Te gustaron?
   • Sí, _____ mucho.
8. • ¿Y a ellos?
   • También _____ mucho.
9. • ¿Comprasteis recuerdos?
   • Yo no _____ nada, pero Anabel y Antonio _____ artesanía.
     Anabel _____ regalos para toda la familia.
10. • ¿Volvisteis juntos?
    • No, ellos _____ el sábado, y yo _____ el lunes.

Aciertos: _____ / 13

4 **Practica la forma y los usos** 단순 과거의 형태와 용법 연습하기
Completa con los verbos en la forma correcta del pretérito perfecto simple.
알맞은 단순 과거형으로 빈칸을 채우세요.

La Reconquista española

1. Los musulmanes (invadir) _____ casi toda la península, excepto el norte, que (quedar) _____ en manos de los cristianos.

2. Los árabes (vivir) _____ en la península casi ocho siglos. (Construir) _____ monumentos como la Mezquita de Córdoba, la Giralda de Sevilla o la Alhambra de Granada.

3. Los cristianos (empezar) _____ a reconquistar su territorio. En el 722, después del triunfo de Covadonga, (iniciarse) _____ un lento avance hacia el sur.

4. El Cid Campeador (nacer) _____ en Burgos. (Luchar) _____ contra los árabes y (tomar) _____ la ciudad de Valencia en 1099. Su vida (inspirar) _____ al autor del famoso Poema de Mío Cid.

5. En 1492, bajo el reinado de los Reyes Católicos, los españoles (tomar) _____ Granada. Así (terminar) _____ la Reconquista.

Aciertos: _____ / 12

5 **Practica los usos del pretérito perfecto simple** 단순 과거 용법 연습하기
Completa con los siguientes verbos en la forma correcta del pretérito perfecto simple.
다음 동사들을 인칭에 알맞은 단순 과거형으로 변형하여 빈칸을 채우세요.

> decidir – unir – recibir – impulsar – nacer – llamar – casarse – permitir – pagar

Los Reyes Católicos

1. A Isabel I de Castilla y a Fernando II de Aragón les _____ Reyes Católicos.

2. Isabel, hija de Juan II de Castilla, _____ en 1451.

3. Isabel y Fernando _____ en 1468 y, en 1479, Fernando _____ el título de rey de Aragón. Juntos, _____ la Corona de Castilla y de Aragón.

4. Los Reyes Católicos _____ una guerra contra Granada que _____ acabar la Reconquista, en 1492.

5. El mismo año, los Reyes Católicos _____ ayudar a Cristóbal Colón y _____ su viaje a las Indias.

Aciertos: _____ / 9

6 **Reproduce la información** 들은 내용 재구성하기
Escucha y responde a las preguntas. 잘 듣고 질문에 답하세요.

PISTA 23

1. ¿Qué pasó el 12 de octubre de 1492?

   _____

2. ¿Qué pasó en agosto de 1492?

   _____

3. ¿Qué hizo Cristóbal Colón?

   _____

4. ¿Dónde pensó Colón que estaba?

   _____

5. ¿Qué consecuencia tuvo el viaje de Cristóbal Colón?

   _____

Aciertos: _____ / 5

7 **Refuerza el vocabulario y tus conocimientos** 어휘 지식 강화하기
Completa con los verbos en la forma correcta y selecciona la opción adecuada.
주어진 동사 원형을 알맞은 형태로 바꾸어 빈칸을 채우고 올바른 답을 골라 문장을 완성하세요.

1. Los aztecas (extender) _____ su poder por toda la región...

   a. del actual Perú   b. de España   c. de México y Guatemala

2. Los mayas (alcanzar) _____ gran conocimiento en...

   a. matemáticas y astronomía   b. caminos y calzadas   c. las montañas

3. Los aztecas (elaborar) _____ ...

   a. matemáticas y astronomía   b. un calendario muy preciso   c. maquinas muy precisas

4. Los aztecas, los mayas y los incas (construir) _____ muchas...

   a. escrituras jeroglíficas   b. caminos y calzadas   c. pirámides

5. Los incas (crear) _____ ...

   a. carreteras para llegar a Cuzco   b. pirámides en México   c. castillos y monasterios

Aciertos: _____ / 5

8 **Refuerza la gramática y tus conocimientos** 문법 지식 강화하기
Relaciona para formar frases y completa con los verbos en la forma correcta.
주어진 동사 원형을 알맞은 형태로 바꾸고 문맥에 맞게 연결하세요.

1. Los incas...	a. viajar: _____	1. ... calzadas para llegar a Cuzco.
2. Los aztecas...	b. dominar: _____	2. ... un territorio muy amplio.
3. Cristóbal Colón...	c. abrir: _____	3. ... durante varias semanas.
4. Atahualpa...	d. conquistar: _____	4. ... el Imperio inca.
5. Los mayas...	e. gobernar: _____	5. ... el sur de México.

Aciertos: _____ / 5

TOTAL de aciertos: _____ / 82

1 2 3 **AHORA TÚ**
PRODUCCIÓN FINAL 최종 연습   La historia 역사

Escribe un pequeño texto y explica cuál es tu periodo histórico preferido y por qué.
당신이 좋아하는 역사적인 순간과 그 이유에 대해 짧은 글을 써 보세요.

_____
_____
_____
_____
_____

UNIDAD 14
Orientarse en la ciudad
도시에서 길찾기

¿Por dónde se va al Jardín Botánico?

Es muy fácil. Tenemos que seguir por esta calle todo recto hasta la plaza de Neptuno. Allí tenemos que girar a la derecha y seguir todo recto hasta llegar al Museo del Prado. Allí está, pero creo que acaba de cerrar.

pág. 113

ASÍ SE HABLA
FUNCIONES 기능 — Pedir y dar indicaciones en la ciudad 도시에서 길 묻고 알려주기

1. Pedir indicaciones 길 묻기

- Disculpe, ¿por dónde se va al Teatro Real? 실례합니다, 왕립 극장은 어디로 (어떻게) 갑니까?
- Perdone, ¿me puede indicar el camino para ir al parque del Retiro, por favor? 실례합니다, 레티로 공원 가는 길을 알려 주실 수 있나요?
- Perdón, ¿puede decirme dónde está el Museo de Arte Contemporáneo? 실례합니다, 현대 미술관이 어디에 있는지 말씀해 주실 수 있나요?

2. Dar indicaciones, indicar el camino 길 알려주기

- Tiene que tomar la primera calle a la derecha. 첫 번째 거리에서 오른쪽으로 가셔야 합니다.
- Sigues recto por esta calle. 이 거리를 따라 직진하세요.
- Puede cruzar por la plaza de España. 스페인 광장을 가로질러 가세요.

ASÍ ES
GRAMÁTICA 문법 — Las expresiones verbales
동사 관용구

pág. 111

현재: hay que … 해야만 하다
불완료 과거: había que … 해야만 했다.

Funciones 기능		
Obligación 의무	tener que + 동사 원형 haber que + 동사 원형 (무인칭) … 해야만 하다	Tienes que cruzar la calle por el paso de peatones. 너는 횡단보도로 길을 건너야 한다. Para llegar al museo hay que tomar el metro. 미술관에 가려면 지하철을 타야 한다.
Posibilidad o permiso 가능성 또는 허락	poder + 동사 원형 … 할 수 있다	Puede pasar por el parque. 당신은 공원을 지나갈 수 있다.
Una acción reciente 방금 일어난 행위	acabar de + 동사 원형 방금 … 하다	Son las 20:30. El museo acaba de cerrar. 지금은 20시 30분이다. 미술관은 방금 문을 닫았다.
La repetición de una acción 행위의 반복	volver a + 동사 원형 다시 … 하다	El museo me ha gustado mucho. Hoy vuelvo a visitarlo. 나는 미술관이 정말 좋았다. 오늘 그곳을 다시 방문할 것이다.
El inicio de una acción 행위의 시작	empezar a + 동사 원형 … 하기 시작하다	El museo empieza a exponer las obras de Goya. 미술관은 고야의 작품들을 전시하기 시작한다.

CON ESTAS PALABRAS — Los lugares 장소들
LÉXICO 어휘

1. Los puntos cardinales 동서남북

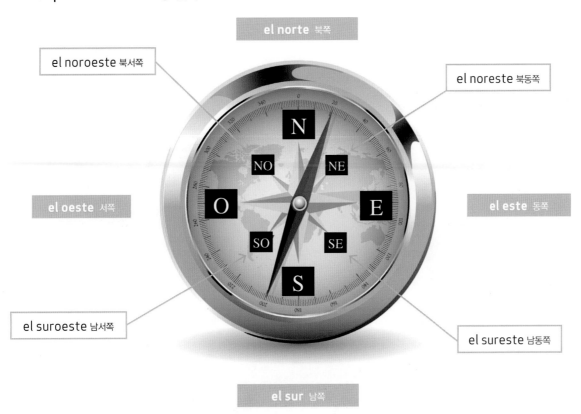

el norte 북쪽
el noroeste 북서쪽
el noreste 북동쪽
el oeste 서쪽
el este 동쪽
el suroeste 남서쪽
el sureste 남동쪽
el sur 남쪽

2. Expresiones útiles 유용한 표현들

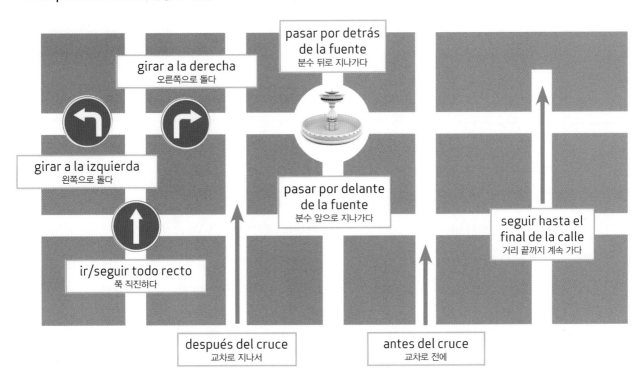

pasar por detrás de la fuente 분수 뒤로 지나가다
girar a la derecha 오른쪽으로 돌다
girar a la izquierda 왼쪽으로 돌다
pasar por delante de la fuente 분수 앞으로 지나가다
seguir hasta el final de la calle 거리 끝까지 계속 가다
ir/seguir todo recto 쭉 직진하다
después del cruce 교차로 지나서
antes del cruce 교차로 전에

Reconoce los puntos cardinales 동서남북 확인하기
Mira el mapa y completa las frases con las siguientes palabras. 지도를 보고 알맞은 단어로 빈칸을 채우세요.

centro – este (x2) – noreste – norte (x2) – oeste – sur – sureste – noroeste

1. La Comunidad de Madrid está en el _____ de España.

2. Andalucía es una comunidad autónoma que está en el _____.

3. El País Vasco, en cambio, está en el _____.

4. Extremadura está al _____ de Castilla La Mancha, y Valencia al _____.

5. Galicia está en el _____ y Murcia está en el _____.

6. Y, por último, Cataluña está en el _____ de España, al _____ de Valencia, y al _____ de Aragón.

Aciertos: _____ / 10

2 **Reconoce las expresiones verbales y la información correcta** 동사 관용어구와 올바른 정보 확인하기
Marca la opción correcta. 알맞은 답을 고르세요.

1. **Juan y Lola viven en Cantabria. Para ir a Portugal,...**
   a. pueden atravesar la comunidad de Castilla y León.
   b. tienen que atravesar la comunidad de Castilla y León.
   c. empiezan a atravesar la comunidad de Castilla y León.

2. **Paco es andaluz. Cuando regresa de Madrid a Andalucía, siempre...**
   a. vuelve a ir al sur.
   b. empieza a ir al sur.
   c. acaba de salir del sur.

3. **Somos de La Rioja. Para ir a Barcelona, ...**
   a. hay que pasar por Valencia.
   b. volvemos a atravesar Aragón.
   c. tenemos que atravesar Aragón.

4. **Mis amigos de Zaragoza vienen a visitarme a Toledo. Me llaman para decirme que...**
   a. acaban de salir de casa y llegan en 2 horas.
   b. tienen que seguir todo recto hacia el este.
   c. pueden pasar por Valencia.

5. **¿Para tomar la autopista? Es muy fácil...**
   a. Empiezas a girar a la izquierda y sigues todo recto.
   b. Tienes que girar a la derecha para salir de la ciudad.
   c. Pasas por delante del museo y acabas de entrar en la ciudad.

Aciertos: _____ / 5

3 **Recuerda la forma de las expresiones verbales** 동사 관용어구의 형태 기억하기
Relaciona y escribe un ejemplo con cada una. 알맞은 것끼리 연결하고 동사 관용어구를 사용하여 예문을 만드세요.

1. tener			1.	_____
2. haber	a		2.	_____
3. volver	que		3.	_____
4. poder	Ø	*+ infinitivo*	4.	_____
5. acabar	de		5.	_____
6. empezar			6.	_____

Aciertos: _____ / 6

4 Practica las expresiones verbales 동사 관용어구 연습하기
Subraya la opción correcta. 알맞은 답을 고르세요.

1. El centro de la ciudad no está lejos. *Puedes/Tienes* ir caminando. Son solo 15 minutos.
2. Antes de entrar *puedes/tienes* que comprar una entrada en la taquilla.
3. Hoy no *podemos/tenemos* visitar el museo. Está cerrado. *Podemos/Tenemos* que esperar al martes para visitarlo.
4. Por aquí no *tenemos/podemos* pasar, *hay/puede* que entrar por la otra puerta.
5. Lo siento, el último tren *acaba de/vuelve a* pasar y ya no hay otro hasta mañana.
6. Este verano, las chicas *empiezan a/vuelven a* ir de vacaciones a ese pueblo que tanto les gustó.
7. Los turistas *empiezan a/vuelven a* llegar al museo y son muchos. Mejor *empezamos a/volvemos a* venir mañana más temprano.
8. *Hay/Tengo* que comprar algo a mi novia y no tengo dinero. *Acabo de/Empiezo a* ver una cosa preciosa en la tienda del museo y no *puedo/tengo* pagar con tarjeta.

Aciertos: _____ / 13

5 Reproduce la información 들은 내용 재구성하기
Escucha el diálogo y responde a las preguntas. 대화를 잘 듣고 질문에 답하세요.

PISTA 24

1. ¿Adónde acaban de llegar Felipe y Ana? _____
2. ¿Qué les ha explicado Juan? _____
3. ¿Tienen que girar a la izquierda o a la derecha? _____
4. ¿Vive Juan en Burgos? _____
5. ¿Ha entendido bien Felipe las explicaciones de Juan? _____
6. ¿Está Valladolid en el sur o en el noroeste de Palencia? _____

Aciertos: _____ / 6

6 Refuerza la comunicación 의사소통 능력 강화하기
Pon las frases en orden para formar diálogos. 다음 문장들을 순서대로 나열하여 대화를 만드세요.

Diálogo 1

☐ De nada. ¡Hasta luego!
☐ No, está a diez minutos, más o menos.
☐ Luego tiene que caminar hasta el final de la calle.
☐ Muchas gracias.
☐ Pues tiene que tomar la segunda calle a la derecha.
☐ Disculpe, señora. ¿Por dónde se va al Museo de Arte Moderno?
☐ ¿Está lejos?

Diálogo 2

☐ Perdone, ¿me puede indicar el camino para ir al teatro, por favor?
☐ ¿Y por dónde voy? No conozco la ciudad.
☐ Es muy fácil.
☐ ¿El teatro? Está detrás del parque.
☐ También puede tomar el autobús, pero creo que acaba de pasar.
☐ Muchas gracias.
☐ Puede atravesar por aquí y cruzar el parque.

Aciertos: _____ / 14

7 **Refuerza las expresiones** 표현 강화하기
Completa el texto con el vocabulario siguiente. 알맞은 단어로 빈칸을 채워 이야기를 완성하세요.

> lejos – todo recto – tenía que – final – por delante

1. Cuando era niño, iba solo a la escuela. No estaba _____ de casa. Solo _____ cruzar una calle. Pasaba _____ de la pastelería y seguía _____ hasta el _____ de la calle.

> hay – necesario – plano – tienes que

2. Para no perderse en una ciudad nueva, _____ que mirar un _____. Si no tienes, es _____ comprar uno o comprar un GPS. Entonces, ¡solo _____ seguir las indicaciones!

> acababa – por delante – hacia – giré – empecé – seguí

3. Anoche, cuando llegué a casa, Sergio no estaba. Intenté llamarlo, pero no contestaba. Entonces _____ a preocuparme. Salí a la calle y caminé _____ la plaza Mayor. _____ a la izquierda, pasé _____ del ayuntamiento y _____ hasta su café favorito. Allí, sus amigos me dijeron que Sergio _____ de irse a casa.

Aciertos: _____ / 15

TOTAL de aciertos: _____ / 69

1 **2** **3** **AHORA TÚ**
PRODUCCIÓN FINAL 최종 연습

Tu recorrido 당신이 지나가는 길

> **Escribe un pequeño texto y describe tu itinerario para ir a clase o al trabajo.**
> 당신이 학교나 직장으로 향하는 길을 묘사하여 짧은 글로 써 보세요.
>
> _____
> _____
> _____
> _____
> _____

Mañana es mi primer día en la oficina. Estoy un poco nerviosa. ¿Qué debo hacer?

Pues llega puntual, pregunta lo que no entiendes, escucha todo lo que dice tu jefe y haz las cosas con tranquilidad.

pág. 113

ASÍ SE HABLA
FUNCIONES 기능

Pedir y dar consejos 조언 구하고 조언하기

1. Pedir consejo 조언 구하기

- ¿Qué debo hacer? 내가 뭘 해야 해?
- ¿Qué crees que es mejor? 너는 무엇이 최선이라고 생각하니?

2. Dar consejos 조언하기

- Habla con él. 그와 이야기해.
- Di la verdad, es lo mejor. 사실대로 말해. 그게 최선이야.
- Ve al aeropuerto en taxi, es lo más rápido. 택시를 타고 공항으로 가. 그게 가장 빨라.

ASÍ ES
GRAMÁTICA 문법

El imperativo afirmativo 긍정 명령

pág. 111

Verbos regulares 규칙 동사					
	TOMAR 먹다, 타다	**BEBER** 마시다	**SUBIR** 오르다	**DAR** 주다	**SER** … 이다
tú	toma	bebe	sube	da	sé	← 직설법 3인칭 단수형
usted	tome	beba	suba	dé	sea	← 접속법 3인칭 단수형
vosotros/as	tomad	bebed	subid	dad	sed	← 동사 원형의 어미에서 r을 떼고 d를 첨가
ustedes	tomen	beban	suban	den	sean	← 접속법 3인칭 복수형

Verbos irregulares 불규칙 동사

Presente	HACER 하다 (yo hago)	PONER 놓다 (yo pongo)	SALIR 나가다 (yo salgo)
tú	haz	pon	sal
usted	haga	ponga	salga
vosotros/as	**haced**	**poned**	**salid**
ustedes	hagan	pongan	salgan

yo의 현재형이 불규칙한 동사들은 명령형 usted과 ustedes도 불규칙 형태를 가진다.

vosotros/as의 명령형에서 재귀 동사의 경우 재귀 대명사와 함께 쓸 때는 -d가 사라진다.

Levantad + os → Levantaos (너희들) 일어나.
Lavad + os las manos → Lavaos las manos. → Laváoslas.
　　　　　(너희들) 손 씻어.　　　(너희들) 그것들 씻어.

El imperativo con pronombres
명령문에서 대명사의 위치

동사 뒤에 붙여 쓰며, 강세 규칙에 따라 강세 부호를 표시한다.

• **직접 목적어**
Haz el ejercicio. (너) 운동해. → Hazlo. (너) 그거해.
Compra la revista. (너) 잡지 사. → Cómprala. (너) 그거 사.
Leed los libros. → Leedlos.
(너희들) 책 읽어.　　　(너희들) 그거 읽어.

• **재귀 동사**
Levántate. (너) 일어나.
Cállense. (당신들) 조용히 하세요.

CON ESTAS PALABRAS
LÉXICO 어휘

Los consejos en clase y las tareas en el trabajo
교실에서의 조언들과 직장에서의 업무들

1. Frases útiles 유용한 문장들

• **En clase (tú)** 교실 (tú 명령형)

Levanta la mano para preguntar.
질문하려면 손을 들어라.

Saluda a todos.
모두에게 인사해라.

Pregunta las dudas al profesor.
모르는 것은 선생님에게 물어라.

Sal de la clase sin correr.
뛰지 말고 교실에서 나가라.

Haz los ejercicios.
연습 문제를 풀어라.

• **En el trabajo (usted)** 직장 (usted 명령형)

Llame a sus clientes.
당신의 고객들에게 전화하세요.

Imprima el informe.
보고서를 출력하세요.

Firme los documentos.
서류에 서명하세요.

Prepare la reunión.
회의를 준비하세요.

Envíe el correo.
메일을 보내세요.

2. Números ordinales 서수

• 1.º primer(o)/primera 첫 번째
• 2.º segundo/a 두 번째
• 3.º tercer(o)/tercera 세 번째
• 4.º cuarto/a 네 번째
• 5.º quinto/a 다섯 번째
• 6.º sexto/a 여섯 번째
• 7.º séptimo/a 일곱 번째
• 8.º octavo/a 여덟 번째
• 9.º noveno/a 아홉 번째
• 10.º décimo/a 열 번째

primero와 tercero는 남성형 단수 명사 앞에서 -o가 탈락하여 primer와 tercer로 쓴다.

Subo al piso primero. / Subo al primer piso.
나는 1층으로 올라간다.

🔎 스페인에서 primer piso (첫 번째 층)는 우리나라 기준으로 2층을 가리킨다.

1. Reconoce las formas del imperativo 명령형 확인하기

Relaciona cada forma de imperativo con el pronombre adecuado.
주어진 명령형을 알맞은 인칭 대명사와 연결하세요.

1. lleguen
2. sal
3. toma
4. bebed
5. sea
6. dad
7. haz
8. suban
9. escribe
10. escuche
11. vivid
12. hablen
13. den
14. pon

    a. tú
    b. usted
    c. vosotros, vosotras
    d. ustedes

Aciertos: _____ / 14

2. Reconoce los números ordinales 서수 확인하기

Encuentra los 10 números ordinales. 서수 10개를 찾으세요.

V	J	Y	Q	U	I	N	T	O	D	Y	H	I	V	O
P	H	A	L	O	C	T	I	V	A	D	E	J	O	F
R	R	L	U	C	A	J	N	O	V	E	N	O	C	O
I	A	S	E	G	U	N	D	O	P	S	T	H	T	B
M	S	P	A	B	I	A	O	S	A	D	F	X	U	G
E	L	G	E	T	C	H	R	L	A	O	E	B	M	O
R	N	A	C	E	Z	R	U	T	P	S	M	C	D	J
O	S	A	T	R	A	C	E	R	O	P	O	O	I	R
R	I	T	A	C	C	I	R	O	S	R	X	C	D	M
T	A	R	D	E	C	I	M	O	E	C	I	T	P	H
O	R	T	Z	R	R	I	I	M	X	J	A	A	U	G
S	T	A	G	O	T	O	I	P	T	M	R	V	S	B
C	L	V	L	A	D	S	E	P	T	I	M	O	T	A

1. _____
2. _____
3. _____
4. _____
5. _____
6. _____
7. _____
8. _____
9. _____
10. _____

Aciertos: _____ / 10

3 Recuerda los ordinales 서수 기억하기
Completa la frase con un número ordinal. 알맞은 서수로 빈칸을 채우세요.

1. Subid cuatro pisos.   Subid al _____ piso.
2. Están en el segundo piso y bajan un piso.   Bajad al _____ piso.
3. Suba tres pisos.   Suba al _____ piso.
4. Estáis en el octavo piso y bajáis dos pisos.   Bajad al _____ piso.
5. Estás en el séptimo piso y bajas dos pisos.   Baja al _____ piso.

Aciertos: _____ / 5

4 Practica los ordinales 서수 연습하기
Subraya la opción correcta. 알맞은 답을 고르세요.

1. Bajamos en la *tercer/tercero/tercera* estación de metro.
2. No vivo en el sexto, sino en el *tercer/tercero/tercera*.
3. Luis fue el *tercer/tercero/tercera* invitado en llegar y Juan fue el *primer/primero/primera*.
4. Este autor obtuvo un premio literario por *primer/primero/primera* vez a los 25 años.
5. Después del cuarto piso está el *quinto/cinco/quinta*.

Aciertos: _____ / 6

5 Practica los imperativos 명령형 연습하기
Convierte los consejos que da Inés a su hijo en órdenes, como en el ejemplo.
보기와 같이 이네스가 그녀의 아들에게 하는 조언을 명령형으로 바꾸세요.

ej. *Antes de ir a clase, tienes que desayunar.*   *Desayuna antes de ir a clase.*

1. Tienes que ducharte antes de salir de casa.
   _____

2. Tienes que ser puntual.
   _____

3. Si tienes dudas, tienes que preguntar a tu profesora.
   _____

4. Tienes que hacer todos los ejercicios.
   _____

5. Si conoces la respuesta, tienes que responder a las preguntas.
   _____

6. Tienes que escuchar a tus profesores.
   _____

7. Al final de la clase, tienes que recoger tus cosas.
   _____

8. Para volver a casa, tienes que tomar el autobús.
   _____

Aciertos: _____ / 8

6 **Practica los imperativos con pronombre** 대명사와 함께 명령형 연습하기
Convierte estos consejos que da Raquel a su asistente en órdenes sin repetir el objeto directo, como en el ejemplo. 보기와 같이 라켈이 그녀의 부하 직원에게 하는 조언을 대명사를 사용하여 명령형으로 바꾸세요.

ej. *Tiene que preparar la reunión con antelación.*　　　*La reunión, prepárela con antelación.*

1. El día de la reunión, tiene que organizar la sala.
   _____

2. Tiene que imprimir todos los documentos necesarios.
   _____

3. Tiene que corregir la presentación antes de proyectarla en el ordenador.
   _____

4. Tiene que recibir a los clientes en recepción.
   _____

5. Antes de la reunión, tiene que leer el orden del día.
   _____

6. Al final de la reunión, tiene que acompañar a los clientes a recepción.
   _____

Aciertos: _____ / 6

7 **Reproduce la orden** 명령형 만들기
Completa, como en el ejemplo. 보기와 같이 문장을 명령형으로 쓰세요.

ej. *¿Aún no te has lavado las manos?*　　　*¡Lávatelas!*

1. ¿Aún no te has levantado?　　　_____
2. ¿Todavía no habéis hecho los ejercicios?　　　_____
3. ¿Por qué no suben los paquetes?　　　_____
4. ¿Por qué no coméis el pescado?　　　_____
5. ¿Aún no han hecho las copias?　　　_____
6. ¿Por qué no has llamado a Ana?　　　_____
7. ¿Todavía no habéis preparado la reunión?　　　_____
8. ¿Por qué no ha firmado el contrato?　　　_____

Aciertos: _____ / 8

8 **Reproduce la comunicación** 의사소통 재구성하기
Escucha y marca la opción correcta. Luego, corrige la información falsa.
잘 듣고 참·거짓을 고르세요. 그리고 잘못된 정보를 바르게 수정하세요.

PISTA 25

	V	F	
1. El vive en el sexto piso.	☐	☐	_____
2. Ella vivió en la Quinta Avenida de Nueva York.	☐	☐	_____
3. Tienen que tomar la segunda calle a la derecha.	☐	☐	_____
4. Es la primera vez que va a la ópera.	☐	☐	_____
5. Luis llegó el tercero en la carrera.	☐	☐	_____

Aciertos: _____ / 5

9 **Refuerza la comunicación** 의사소통 능력 강화하기
Marca la opción adecuada. 알맞은 답을 고르세요.

1. **Perdón, ¿puedo hablar con usted un momento, por favor?**
   a. Sí, claro, puede.
   b. Sí, claro, pase y siéntese.
   c. No puede.

2. **¿Me das un vaso de agua, por favor?**
   a. Sí, bebe, bebe.
   b. Sí, sí, dame.
   c. Sí, toma.

3. **¿Puedo hablar con el Sr. Ruiz, por favor?**
   a. Sí, soy yo. Hable.
   b. No soy el sr. Ruiz.
   c. Yo soy José Ruiz, dígame.

4. **David, ¿puedes venir un momento?**
   a. Sí, voy.
   b. Sí, ven.
   c. Sí, puedo.

5. **Mucho gusto, Sra. Romerales.**
   a. No, por favor, háblame de tú.
   b. Habla con tú.
   c. No, María.

6. **Sr. director, ¿puedo pasar un momento para hablar con usted, por favor?**
   a. Sí, sí, sí.
   b. Sí, paso.
   c. Sí, claro, pase, pase.

Aciertos: _____ / 6

TOTAL de aciertos: _____ / 68

AHORA TÚ
PRODUCCIÓN FINAL 최종 연습

Da consejos a un amigo
친구에게 조언하기

> **Un amigo empieza a trabajar. Dale consejos.**
> 친구가 일을 시작했습니다. 그에게 조언을 해 주세요.

_____
_____
_____
_____
_____
_____

PREPARA TU EXAMEN 5

시험 준비하기 5

unidades **13** a **15**
13과 ~ 15과

PISTA 26

1 Escucha y marca en el plano el camino que siguen Silvia y Paco.
잘 듣고 실비아와 파코가 가는 길을 지도에 표시하세요.

Usted está aquí.

2 Conjuga los verbos en el tiempo adecuado: pretérito imperfecto o pretérito perfecto simple. Luego marca el itinerario en el mapa. 주어진 동사를 불완료 과거 또는 단순 과거 중 알맞은 시제로 바꾸세요. 그리고 지도에 여정을 표시하세요.

El verano pasado (viajar, nosotros) (1) _____ por Andalucía. (Llegar) (2) _____ a Málaga en avión. Málaga está en la costa. Al día siguiente (tomar) (3) _____ un autobús hasta Granada, al noreste de Málaga. Allí (pasar) (4) _____ solo tres días porque (tener) (5) _____ que ir a Córdoba, que está al noroeste de Granada.
En Córdoba (alquilar) (6) _____ un coche y (bajar) (7) _____ hacia el suroeste, a Sevilla, pero (hacer) (8) _____ tanto calor que (seguir) (9) _____ más al sur y (llegar) (10) _____ Cádiz. (Descansar) (11) _____ allí unos días y (decidir) (12) _____ ir a Tarifa, en el sur.
(Tomar) (13) _____ el sol y (practicar) (14) _____ surf.

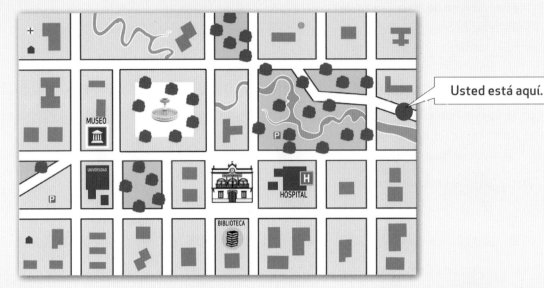

102

Completa este cartel de una agencia de viajes con los verbos en imperativo.
명령형을 사용하여 여행사의 광고 포스터를 완성하세요.

1

¿Le gusta el calor, el sol y la playa?
¡(Visitar, usted) _____ Andalucía!

(Comprar) _____ los billetes ya,

y (reservar) _____ el hotel con

nosotros: es fácil, seguro y rápido.

2

3

¿Quiere reservar una habitación?

(Hacer) _____ su reserva ahora

mismo. (Completar) _____

el formulario y (enviar) _____ su

petición.

4

(Poner) _____ las fechas

en las que desea la habitación.

5

Si necesita un coche, no hay problema, (solicitar) _____
el modelo que quiere y (viajar) _____
tranquilamente por toda Andalucía.

Esquemas de gramática 문법 개요

1. Los pronombres posesivos 소유 대명사

Los pronombres posesivos 소유 대명사			
Singular 단수		**Plural** 복수	
Masculino 남성	**Femenino** 여성	**Masculino** 남성	**Femenino** 여성
(el) mío	(la) mía	(los) míos	(las) mías
(el) tuyo	(la) tuya	(los) tuyos	(las) tuyas
(el) suyo	(la) suya	(los) suyos	(las) suyas
(el) nuestro	(la) nuestra	(los) nuestros	(las) nuestras
(el) vuestro	(la) vuestra	(los) vuestros	(las) vuestras
(el) suyo	(la) suya	(los) suyos	(las) suyas

- 물건의 소유를 나타낼 때 앞에서 언급한 단어를 반복하지 않기 위해 사용한다.
  - ¿De quiénes este jersey? 이 스웨터는 누구 거니?
  - Es mío. 내 것이야.

- 어떤 물건의 소유자가 누구인지 확인할 때 사용한다.
  - ¿Es tuya esta falda? 이 치마는 너의 것이니?
  - Sí, es mía. / No, no es mía. 응, 내 것이야. / 아니, 내 것이 아니야.

- 여러 개의 물건들 중 특정 물건이 어떤 사람의 것임을 나타낼 때는 정관사를 함께 사용한다.
  - ¿Cuál es tu sombrero? 너의 모자는 어떤 것이니?
  - El mío es el verde. 내 것은 초록색이야.

2. Los pronombres demostrativos neutros 중성 지시 대명사

pág. 5

Los pronombres demostrativos neutros 중성 지시 대명사	
• ¿Qué es esto? 이것은 뭐야?	• Esto es un jersey. 이것은 스웨터야.
• ¿Qué es eso? 그것은 뭐야?	• Eso es una blusa. 그것은 블라우스야.
• ¿Qué es aquello? 저것은 뭐야?	• Aquello es un bolso. 저것은 핸드백이야.

- 추상적인 대상이나 명칭이 확정되지 않은 사물을 가리킬 때 사용한다.
  - ¿Y esto qué es? 그런데 이것은 뭐야?
  - Esto es un vestido muy antiguo. 이것은 아주 오래된 옷이야.

- 다른 지시사와 마찬가지로, 화자로부터 가까운 물건을 가리킬 때는 esto를, 청자로부터 가까운 물건을 가리킬 때는 eso를, 화자와 청자 모두로부터 멀리 있는 물건을 가리킬 때는 aquello를 사용한다.
  Toma, esto es para ti. 받아, 이것은 너의 것이야.
  ¿Qué es eso que llevas? 네가 가지고 있는 그것은 무엇이니?
  Mira, aquello que está al fondo del armario es mi vestido de novia. 봐, 저기 옷장 구석에 있는 저것이 내 웨딩드레스야.

3. Los verbos en presente regulares y los irregulares en -ar 현재 규칙 동사와 -ar 불규칙 동사

pág. 11,16

	HABLAR	COMER	VIVIR	DAR
yo	hablo	como	vivo	doy
tú	hablas	comes	vives	das
él, ella, usted	habla	come	vive	da
nosotros, nosotras	hablamos	comemos	vivimos	damos
vosotros, vosotras	habláis	coméis	vivís	dais
ellos, ellas, ustedes	hablan	comen	viven	dan

		Verbo e → ie			Verbos o y u → ue	
		PENSAR			**CONTAR**	**JUGAR**
yo		pienso		yo	cuento	juego
tú		piensas		tú	cuentas	juegas
él, ella, usted		piensa		él, ella, usted	cuenta	juega
nosotros, nosotras		pensamos		nosotros, nosotras	contamos	jugamos
vosotros, vosotras		pensáis		vosotros, vosotras	contáis	jugáis
ellos, ellas, ustedes		piensan		ellos, ellas, ustedes	cuentan	juegan

- 현재 동사는 일반적인 사실을 말할 때 사용한다.
  Guillermo habla tres idiomas. 기예르모는 3개 국어를 말한다.

- 현재의 사실을 말할 때 사용한다.
  Nosotros ahora vivimos en Córdoba. 우리는 지금 코르도바에서 산다.

- 일상적인 활동이나 자주 하는 활동을 언급할 때 사용한다.
  Mis hijas normalmente comen en casa de su abuela. 평소 내 딸들은 할머니 댁에서 식사한다.

- 때에 따라 시기적으로 가깝고 확실한 미래 활동을 나타낼 때 사용한다.
  Este verano viajamos a México. 올여름 우리는 멕시코를 여행한다.

4. Los pronombres de objeto directo 직접 목적 대명사

pág. 17

		Los pronombres de objeto directo (OD) 직접 목적 대명사	
		OD	OD
yo	me	Cuento el dinero. 나는 돈을 센다.	Lo cuento. 나는 그것을 센다.
tú	te		
él, ella, usted	lo, la	Cuento la historia. 나는 그 이야기를 한다.	La cuento. 나는 그것을 말한다.
nosotros, nosotras	nos	Cuento los billetes. 나는 지폐들을 센다.	Los cuento. 나는 그것들을 센다.
vosotros, vosotras	os		
ellos, ellas, ustedes	los, las	Cuento las estrellas. 나는 별들을 센다.	Las cuento. 나는 그것들을 센다.

- 이미 앞에서 언급한 사람이나 사물을 가리킬 때 사용한다.
  - ¿Conoces a Rafa? 너는 라파와 아는 사이니?
  - Sí, ya lo conozco 응, 나는 그와 이미 아는 사이야.

- 두 개의 동사로 이루어진 관용구 표현에서 대명사는 주동사 앞 또는 동사 원형 뒤에 바로 붙여 사용한다. 하지만 두 동사 사이에는 절대 쓸 수 없다.
  - ¿Piensas comprar este libro? 이 책을 살 생각이니?
  - Si, lo pienso comprar hoy mismo. / Si, pienso comprarlo.
    응, 나는 오늘 당장 그것을 살 생각이야. / 응, 나는 그것을 살 생각이야.

> ◀◀ 동사 관용구에서 직접 목적 대명사는 동사 앞 또는 동사 원형 바로 뒤에 붙여 사용한다.
> Empiezo a contarlo.
> = Lo empiezo a contar.
> 나는 그것을 이야기하기 시작한다. ▶▶

5. Los verbos en -er irregulares en presente -er 현재 불규칙 동사

pág. 24

	Verbos irregulares e → ie		Verbos irregulares o → ue
	QUERER		**VOLVER**
yo	quiero	yo	vuelvo
tú	quieres	tú	vuelves
él, ella, usted	quiere	él, ella, usted	vuelve
nosotros, nosotras	queremos	nosotros, nosotras	volvemos
vosotros, vosotras	queréis	vosotros, vosotras	volvéis
ellos, ellas, ustedes	quieren	ellos, ellas, ustedes	vuelven

6. Los verbos en -*ir* irregulares en presente -ir 현재 불규칙 동사

pág. 30~31

	Verbos especiales 완전 불규칙 동사들				
	IR	**SALIR**	**VENIR**	**DECIR**	**OÍR**
yo	voy	salgo	vengo	digo	oigo
tú	vas	sales	vienes	dices	oyes
él, ella, usted	va	sale	viene	dice	oye
nosotros, nosotras	vamos	salimos	venimos	decimos	oímos
vosotros, vosotras	vais	salís	venís	decís	oís
ellos, ellas, ustedes	van	salen	vienen	dicen	oyen

Verbos irregulares –ir 어간 모음 불규칙 동사	e → i	e → ie	o → ue
	PEDIR	**SENTIR**	**DORMIR**
yo	pido	siento	duermo
tú	pides	sientes	duermes
él, ella, usted	pide	siente	duerme
nosotros, nosotras	pedimos	sentimos	dormimos
vosotros, vosotras	pedís	sentís	dormís
ellos, ellas, ustedes	piden	sienten	duermen

🔍 같은 유형의 불규칙 동사들

pedir와 같은 유형: medir 재다, reír(se) 웃다, repetir 반복하다, servir 제공하다, vestir(se) 입다

- corregir 교정하다, 수정하다 : corrijo, corriges, corrige...
- elegir 선택하다 : elijo, eliges, elige...
- seguir 계속되다, 따라가다 : sigo, sigues, sigue...

sentir와 같은 유형: preferir 선호하다
dormir와 같은 유형: morir 죽다

7. Los verbos *gustar* y *parecer* gustar 동사와 parecer 동사

pág. 36~37

			GUSTAR …은/는 …을/를 좋아하다	
(a mí)	me 나는		el chocolate 초콜릿을 좋아한다.	(singular)
(a ti)	te 너는	gusta	comprar pan 빵을 먹는 것을 좋아한다.	단수
(a él, a ella, a usted)	le 그, 그녀, 당신은			
(a nosotros, a nosotras)	nos 우리는		los deportes 운동을 좋아한다.	(plural)
(a vosotros, vosotras)	os 너희는	gustan	las verduras 채소를 좋아한다.	복수
(a ellos, ellas, ustedes)	les 그들, 그녀들, 당신들은			

			PARECER …에게는 …인 것 같다 / …처럼 보이다
(a mí)	me 나는		bueno/a(s) 좋아 보인다.
(a ti)	te 너에게	parece	malo/a(s) 나빠 보인다.
(a él, a ella, a usted)	le 그, 그녀, 당신에게		
(a nosotros, a nosotras)	nos 우리에게		rico/a(s) 맛있어 보인다.
(a vosotros, vosotras)	os 너희에게	parecen	sano/a/(s) 건강해 보인다.
(a ellos, ellas, ustedes)	les 그들, 그녀들, 당신들에게		

- 이 동사들은 항상 간접 목적 대명사를 사용한다.
  - ¿Te gusta la carne? 너 고기 좋아하니?
  - Sí, me gusta mucho, me parece muy rica. 응, 나 정말 좋아해, 매우 맛있다고 생각해.

- 기호를 나타낼 때는 gustar 동사를, 의견을 나타낼 때는 parecer 동사를 사용한다.
  No me gusta nada el yogur. 나는 요구르트를 전혀 좋아하지 않는다.
  Me parece malo. 나에게는 안 좋아 보인다.

8. Los adjetivos y pronombres indefinidos 부정 형용사와 대명사

pág. 37

Los indefinidos 부정어
Alguien, algo, nada, nadie 누군가, 어떤 것, 아무것도, 아무도

사람: alguien 누군가 ≠ nadie 아무도

- ¿Hay alguien en casa?
  집에 누구 있어요?
- No, no hay nadie.
  아니요, 아무도 없어요.

사물: algo 어떤 것 ≠ nada 아무것도 (없다)

- ¿Necesitas algo?
  너는 무언가 필요하니?
- No, no necesito nada.
  아니, 아무것도 필요없어.

Algún, alguno(s), alguna(s) 어떤 것 / 사람 ≠ Ningún, ninguno, ninguna 아무것도 / 어떤 사람도 (아니다)

🔎 남성 단수 명사 앞에서는 -o가 탈락하여 algún, ningún이 된다.

- ¿Conoces algún restaurante griego?
  너는 아는 그리스 식당이 있니?

- No, no conozco ningún restaurante.
  아니, 아무 식당도 몰라.
- No, no conozco ninguno.
  아니, 아무 데도 몰라.

- ¿Tienen alguna mesa libre?
  빈 테이블 있습니까?

- No, no tenemos ninguna mesa libre.
  아니요, 빈 테이블 없습니다.
- No, no tenemos ninguna.
  아니요, 아무 데도 없습니다.

- 부정확한 사람(alguien 누군가 / nadie 아무도)이나 사물(algo 무언가 / nada 아무것도 … 아니다)을 가리킬 때 사용한다.

- 사람이나 동물, 사물의 부정확한 양(alguno 어느정도)이나 존재하지 않는 양(ninguno 어떤 것도)을 가리킬 때도 사용한다.

- 형용사 alguno와 ninguno가 남성 단수 명사 앞에 올 때는 -o가 탈락하면서 강세 부호를 사용한다.
  - ¿Tienes algún amigo español? 너는 스페인 친구가 있니?
  - No no tengo ningún amigo de aquí, pero sí conozco a alguno argentino.
    나는 이곳 친구는 아무도 없어. 하지만 아르헨티나 사람은 알고 있어.

9. El verbo *doler* y otros verbos de estructura similar doler 동사와 유사한 구조의 동사들

pág. 44

DOLER 아프다

(a mí)	me 나는		el brazo 팔이 (단수 명사) 아프다	(singular)
(a ti)	te 너는	duele	la cabeza 머리가 (단수 명사) 아프다	단수
(a él, a ella, a usted)	le 그, 그녀, 당신은			
(a nosotros, a nosotras)	nos 우리는		los pies 발이 (복수 명사) 아프다	(plural)
(a vosotros, vosotras)	os 너희는	duelen	las piernas 다리가 (복수 명사) 아프다	복수
(a ellos, ellas, ustedes)	les 그들, 그녀들, 당신들은			

- 고통이나 불편함을 표현하기 위해 doler 동사를 사용하며, gustar 동사나 parecer 동사처럼 항상 간접 목적 대명사를 사용한다.
  Me duele muchísimo la espalda. 나는 허리가 매우 아프다.

- 간접 목적 대명사와 함께 3인칭 동사를 취하는 구조를 가진 동사 중 감정을 표현하는 다음과 같은 동사들이 있다.
  interesar 흥미롭다, molestar 성가시게 하다, encantar 매우 좋아하다

10. Los comparativos y los superlativos 비교급과 최상급

pág. 50~51

Los comparativos de superioridad e inferioridad
우등 비교와 열등 비교

- **우등 비교**: más + 형용사 + que
  Juan es más inteligente que José.
  후안은 호세보다 더 똑똑하다.
  Ana es más trabajadora que Luis.
  아나는 루이스보다 더 성실하다.
- **열등 비교**: menos + 형용사 + que
  José es menos inteligente que Juan.
  호세는 후안보다 덜 똑똑하다.
  Ana y Luis son menos alegres que ellos.
  아나와 루이스는 그들보다 덜 쾌활하다.

Los comparativos de igualdad
동등 비교

- 동사 + tanto como
  Juan trabaja tanto como Ana.
  후안은 아나만큼 일한다.
- tan + 형용사 + como
  Juan es tan inteligente como Ana.
  후안은 아나만큼 똑똑하다.
- igual de + 형용사 + como
  Juan es igual de inteligente que Ana.
  후안은 아나와 똑같이 똑똑하다.

Los comparativos irregulares
비교급 불규칙 형태

- grande → mayor(es)
  Juan es mayor que Ana.
  후안은 아나보다 나이가 많다.
- pequeño/a → menor(es)
  Felipe es menor que Juan.
  펠리페는 후안보다 어리다.
- bueno/a → mejor(es)
  Este pastel es mejor que aquel.
  이 케이크가 저 케이크보다 맛있다.
- malo/a → peor(es)
  Esta sopa es peor que esa.
  이 수프가 그 수프보다 맛없다.

El superlativo 최상급: el/la/los/las más, el/la/los/las menos

Juan es el más simpático de todos.
후안은 모든 사람 중에 가장 상냥한 사람이다.
Juan y Ana son los más trabajadores de la oficina.
후안과 아나는 사무실에서 가장 성실한 사람들이다.
Lorena es la menos trabajadora de la clase.
로레나는 반에서 가장 성실하지 않은 사람이다.
Clara y María son las menos trabajadoras de aquí.
클라라와 마리아는 여기서 가장 덜 성실한 사람들이다.

El superlativo absoluto 절대 최상급: -ísimo(s), -ísima(s)

- alto/a 높은, 키가 큰 → altísimo/a 매우 높은, 매우 키가 큰
- bueno/a 좋은, 맛있는 → buenísimo/a 매우 좋은, 매우 맛있는
- fácil 쉬운 → facilísimo/a 매우 쉬운
- elegante 우아한 → elegantísimo/a 매우 우아한

- 비교급은 문장의 주어를 다른 대상과 비교할 때 사용한다.
  Alberto es tan amable como Irene, ¿no? 알베르토는 이레네 만큼이나 친절해, 그렇지 않아?

11. La expresión *estar* + gerundio 현재 진행형(estar + 현재 분사)

pág. 56~57

ESTAR + gerundio
estar + 현재 분사: 현재 진행형

yo	estoy	
tú	estás	
él, ella, usted	está	cantando (ar 동사)
nosotros, nosotras	estamos	comiendo (er 동사)
vosotros, vosotras	estáis	viviendo (ir 동사)
ellos, ellas, ustedes	están	

Los gerundios irregulares 불규칙 현재 분사
verbos en -ir con cambio vocálico 모음이 바뀌는 -ir 동사

presente 현재형	e → i	gerundio 현재 분사
	• decir → digo, dices…	diciendo
	• pedir → pido, pides…	pidiendo
	• servir → sirvo, sirves…	sirviendo
presente 현재형	e → ie	
	• divertir → divierto, diviertes…	divirtiendo
	• sentir → siento, sientes…	sintiendo
presente 현재형	o → ue	
	• dormir → duermo, duermes…	durmiendo

Gerundios en -yendo
-yendo로 끝나는 현재 분사

- ir 가다 → yendo
- leer 읽다 → leyendo
- oír 듣다 → oyendo
- caer 떨어지다, 넘어지다 → cayendo
- construir 건축하다 → construyendo
- traer 가져오다 → trayendo

- 현재 진행형은 현재 순간에 일어나고 있는 내용을 표현하기 위해 사용하거나 순간적이지 않은 지속적인 현재의 행위를 나타내기 위해 사용한다.

  Ricardo ahora mismo está hablando por el móvil. Luego te llama.
  리카르도는 지금 핸드폰으로 통화 중이야. 나중에 그가 너에게 전화할 거야.

  Estoy corrigiendo todos estos textos desde esta mañana y ya estoy cansado. Voy a descansar un rato.
  나는 오늘 아침부터 이 글들을 전부 고치고 있어서 이미 매우 피곤하다. 나는 조금 쉴 것이다.

- 대명사를 사용하는 경우, 대명사는 estar 동사 앞에 위치하거나 현재 분사 바로 뒤에 붙여 사용한다. 하지만 두 동사 사이에는 절대 쓸 수 없다.
  또한, 대명사가 현재 분사 뒤에 위치하여 음절이 늘어나면 원래 강세 위치에 강세를 표시해야 한다.

  El bebé se está despertando ahora, vamos a preparar la leche.
  아기가 지금 깨어나고 있다. 우리는 우유를 준비할 것이다.

  El bebé está despertándose ahora.
  아기가 지금 깨어나고 있다.

12. La expresión ir a + infinitivo ir a + 동사 원형 표현

pág. 64~65

IR a + infinitivo
ir a + 동사 원형: …할 것이다

yo	voy	
tú	vas	
él, ella, usted	va	
nosotros, nosotras	vamos	a + 동사 원형
vosotros, vosotras	vais	
ellos, ellas, ustedes	van	

- 가까운 미래를 표현하기 위해 모든 동사를 사용할 수 있다.
  Mañana vamos a ir a la playa.
  내일 우리는 바닷가에 갈 것이다.

- 재귀 대명사가 올 경우, 재귀 대명사는 ir 동사 앞에 오거나 동사 원형 바로 뒤에 붙여 사용하며, 두 동사 사이에는 쓸 수 없다.
  ¡Qué sueño! Creo que me voy a ir a la cama pronto.
  너무 졸려! 나는 곧 자러 갈 것 같아.
  Voy a irme a la cama pronto.
  나는 곧 자러 갈 거야.

13. El pretérito perfecto compuesto 현재 완료

pág. 70~71

HABER + participio 과거 분사

yo	he	
tú	has	
él, ella, usted	ha	viajado (ar 동사)
nosotros, nosotras	hemos	comido (er 동사)
vosotros, vosotras	habéis	vivido (ir 동사)
ellos, ellas, ustedes	han	

Los participios irregulares 불규칙 과거 분사

- hacer 하다 → hecho
- poner 놓다 → puesto
- romper 깨다, 부수다 → roto
- escribir 쓰다 → escrito
- ver 보다 → visto
- volver 돌아오다 → vuelto
- abrir 열다 → abierto
- decir 말하다 → dicho
- descubrir 발견하다 → descubierto
- resolver 해결하다 → resuelto
- morir 죽다 → muerto

- 과거에 시작되었지만 현재까지 이어지는 행위를 나타낼 때 사용한다.

  Esta semana hemos estado en Barcelona. 이번 주 우리는 바르셀로나에 있었다.

- 현재에 영향을 미치는 과거 행위를 나타낼 때 사용한다.

  Sandra ya se ha ido para siempre. 산드라는 이제 영원히 떠났다.

- 대명사의 위치는 항상 haber 동사 앞이다.

  Este fin de semana me he levantado pronto. 이번 주말에 나는 일찍 일어났다.

14. El pretérito imperfecto 불완료 과거

	Verbos regulares 규칙 동사			Verbos irregulares 불규칙 동사		
	CANTAR	COMER	VIVIR	IR	SER	VER
yo	cantaba	comía	vivía	iba	era	veía
tú	cantabas	comías	vivías	ibas	eras	veías
él, ella, usted	cantaba	comía	vivía	iba	era	veía
nosotros, nosotras	cantábamos	comíamos	vivíamos	íbamos	éramos	veíamos
vosotros, vosotras	cantabais	comíais	vivíais	ibais	erais	veíais
ellos, ellas, ustedes	cantaban	comían	vivían	iban	eran	veían

- 불완료 과거는 과거 사실을 묘사할 때 사용한다.

  Cuando era niño y tenía cinco o seis años, vivía en un pueblo que estaba en el norte.

  내가 어린아이고 대여섯 살 정도였을 때, 나는 북부에 있는 시골 마을에서 살았다.

- 과거의 습관이나 반복적인 행동들에 대해 말할 때도 사용한다.

  Antes jugaba en un equipo de balonmano. Entrenábamos todas las semanas dos días.

  나는 예전에 핸드볼 팀에서 경기했었다. 우리는 매주 이틀씩 훈련하곤 했다.

15. El pretérito perfecto simple 단순 과거

pág. 84~85

	Verbos regulares 규칙 동사			Verbos de cambio ortográfico (yo)
	VIAJAR	VOLVER	DESCUBRIR	1인칭 (yo)의 철자가 변하는 동사들
yo	viajé	volví	descubrí	• 어미가 -gar로 끝나는 동사
tú	viajaste	volviste	descubriste	llegar → llegué
él, ella, usted	viajó	volvió	descubrió	• 어미가 -zar로 끝나는 동사
nosotros, nosotras	viajamos	volvimos	descubrimos	comenzar → comencé
vosotros, vosotras	viajasteis	volvisteis	descubristeis	• 어미가 -car로 끝나는 동사
ellos, ellas, ustedes	viajaron	volvieron	descubrieron	explicar → expliqué

- 단순 과거에 이미 끝난 동작이나 상태를 표현할 때 사용한다.

  El año pasado estuvimos en Zamora. 작년에 우리는 사모라에 있었다.

16. Las expresiones verbales con infinitivo 동사 원형과 사용하는 동사 관용구 표현들

pág. 90

Funciones 기능		
Obligación 의무	tener que + 동사 원형 haber que + 동사 원형 (무인칭) … 해야만 하다	Tienes que cruzar la calle por el paso de peatones. 너는 횡단보도로 길을 건너야 한다. Para llegar al museo hay que tomar el metro. 미술관에 가려면 지하철을 타야 한다.
Posibilidad o permiso 가능성 또는 허락	poder + 동사 원형 … 할 수 있다	Puede pasar por el parque. 당신은 공원을 지나갈 수 있다.
Una acción reciente 방금 일어난 행위	acabar de + 동사 원형 방금 … 하다	Son las 20:30. El museo acaba de cerrar. 지금은 20시 30분이다. 미술관은 방금 문을 닫았다.
La repetición de una acción 행위의 반복	volver a + 동사 원형 다시 … 하다	El museo me ha gustado mucho. Hoy vuelvo a visitarlo. 나는 미술관이 정말 좋았다. 오늘 그곳을 다시 방문할 것이다.
El inicio de una acción 행위의 시작	empezar a + 동사 원형 … 하기 시작하다	El museo empieza a exponer las obras de Goya. 미술관은 고야의 작품들을 전시하기 시작한다.

17. El imperativo afirmativo 긍정 명령

pág. 96~97

Verbos regulares 규칙 동사					
	TOMAR	BEBER	SUBIR	DAR	SER
tú	toma	bebe	sube	da	sé	← 직설법 3인칭 단수형
usted	tome	beba	suba	dé	sea	← 접속법 3인칭 단수형
vosotros/as	tomad	bebed	subid	dad	sed	← 동사 원형의 어미에서 r을 떼고 d를 첨가
ustedes	tomen	beban	suban	den	sean	← 접속법 3인칭 복수형

Verbos irregulares 불규칙 동사			
	HACER	PONER	SALIR
Presente	(yo hago)	(yo pongo)	(yo salgo)
tú	haz	pon	sal
usted	haga	ponga	salga
vosotros/as	haced	poned	salid
ustedes	hagan	pongan	salgan

- 명령형은 지시할 때 사용한다.
  Primero conecta el ordenador. 먼저 컴퓨터를 연결해.

- 명령을 내릴 때도 사용한다.
  Di la verdad. 사실을 말해.

- 요청을 들어줄 때 사용하며, 보통 두 번 반복하여 말한다.
  - ¿Puedo pasar, por favor? 지나가도 될까요?
  - Sí, claro. Pasa, pasa. 그럼, 물론이지. 지나가, 지나가.

- 굳어진 표현으로도 사용된다.
  Perdone, ¿la Puerta del Sol? 실례합니다, 솔 광장이 어디죠?

- 긍정 명령인 경우, 대명사는 항상 동사 뒤에 바로 붙어서 오며, 이때 강세 표시에 주의해야 한다.
  Dámelo, por favor. 나에게 그것을 줘, 부탁이야.

Traducción de los textos de entrada

UNIDAD 1
Comprar ropa
 pág. 4

> No sé cuál comprar. Me gustan estas dos camisetas, la azul y la roja. Creo que voy a comprarme esta roja.

나 뭘 사야 할지 모르겠어. 나는 파란색과 빨간색 티셔츠, 이 두 개가 마음에 들어. 아무래도 이 빨간색 티셔츠를 살 것 같아.

UNIDAD 2
Hablar del presente
 pág. 10

> Mujer   ¿Qué haces? ¿En qué piensas?
> Hombre En los exámenes. Empiezan el próximo mes y pienso aprobar todo. ¿Quieres estudiar conmigo?

여 너 뭐 해? 무슨 생각하니?
남 시험에 대해 생각해. 시험이 다음 달에 시작하는데, 나는 전부 합격할 생각이야. 너 나와 함께 공부할래?

UNIDAD 3
Contar actividades de la familia
 pág. 16

> Siempre me acuerdo mucho de mi madre y de su relación con mis hijos. Cuando están juntos, meriendan y juegan a la pelota con ella. Por la noche, los acuesta y les cuenta historias.

나는 항상 나의 어머니, 그리고 그녀와 나의 자녀들의 관계에 대해서 많이 생각합니다. 그들이 함께 있을 때, 아이들은 그녀와 간식을 먹고 공놀이를 합니다. 밤에는 어머니가 아이들을 재우고, 아이들에게 이야기를 들려줍니다.

UNIDAD 4
Hablar del aprendizaje
 pág. 24

> Escuela Ñ
> Si quieres aprender bien español, en la escuela Ñ puedes hacerlo. Con nosotros conoces una nueva lengua, haces ejercicios de gramática… Tú pones el interés en aprender y nosotros ofrecemos nuestra experiencia.

에네(Ñ) 학교
당신이 스페인어를 제대로 배우고 싶다면, 에네 학교에서 할 수 있습니다. 당신은 우리와 함께 새로운 언어를 알아가면서 문법을 연습할 수 있습니다. 당신은 배우는 데 열중하고, 우리는 우리의 경험을 제공합니다.

UNIDAD 5
Moverse por la ciudad
 pág. 30

> Mujer   ¿Adónde vas?
> Hombre Voy a la oficina.
> Mujer   ¿Cómo vas?
> Hombre Hoy voy en metro.

여 너 어디 가?
남 사무실에 가.
여 어떻게 가?
남 오늘은 지하철로 가.

UNIDAD 6
Hablar de gustos y preferencias
 pág. 36

> No tomo mucha carne, no me gusta. Prefiero comer verdura, fruta y cereales. No me gusta nada la comida preparada. Me parece más sano prepararla yo. Me gustan todos los deportes, pero prefiero nadar y correr.

나는 고기를 많이 먹지 않습니다. 고기는 좋아하지 않습니다. 나는 채소와 과일, 곡류를 먹는 것을 선호합니다. 나는 즉석 식품은 전혀 좋아하지 않습니다. 내가 직접 음식을 만드는 게 더 건강한 것 같습니다. 나는 모든 운동을 좋아하지만, 수영과 달리기를 더 좋아합니다.

UNIDAD 7
Ir al médico
 pág. 44

> MIS   BLOG
> REMEDIOS   Los mejores remedios
> CASEROS   caseros para tu familia
>
> • Si te duele la cabeza, tienes tos y frío, seguramente tienes un resfriado, es bueno tomar una infusión caliente con miel.
> • Si te pican los ojos después de trabajar con el ordenador, es bueno mirar por la ventana para descansar los ojos.
> • Si te duele la espalda cuando te levantas de la cama, es bueno hacer estiramientos.

나의 민간요법   블로그
가족을 위한 최고의 민간요법

• 머리가 아프고 기침하고 추우면 분명 감기에 걸린 것일 테니, 꿀을 탄 뜨거운 차를 마시는 게 좋습니다.
• 컴퓨터로 작업한 후 눈이 아프면 눈이 휴식을 취할 수 있도록 창문 밖을 바라보는 게 좋습니다.
• 침대에서 일어날 때 허리가 아프면 스트레칭을 하는 게 좋습니다.

UNIDAD 8 pág. 50
Describir el carácter

Hombre	¿Qué tal? ¿Cómo es tu nuevo jefe?
Mujer	Parece muy serio y exigente, pero también es muy alegre.

남 어떻게 지내니? 너의 새로운 상사는 어때?
여 매우 진지하고 까다로운 것 같아. 하지만 아주 쾌활하기도 해.

UNIDAD 9 pág. 56
Hablar de actividades actuales y deportes

Practico baloncesto desde pequeño y, desde hace tres años, estoy jugando en un equipo de mi ciudad. Ahora estamos entrenando para el partido del sábado.

나는 어릴 때부터 농구를 했고, 3년 전부터는 내가 사는 도시의 팀에서 경기하고 있습니다. 지금은 토요일에 있을 경기를 위해 훈련하고 있습니다.

UNIDAD 10 pág. 64
Planificar viajes

Mujer	Mira, este verano podemos ir a México, a Cancún.
Hombre	Sí, vamos a tomar el sol. Yo voy a descansar y voy a leer mucho.

여 저기, 올여름 우리는 멕시코, 칸쿤에 갈 수 있어.
남 그래, 우리 일광욕하자. 나는 휴식을 취하고 독서를 많이 할 거야.

UNIDAD 11 pág. 70
Hablar de las vacaciones

Hombre 1	¿Qué tal el fin de semana?
Hombre 2	Genial. He ido a Sevilla. Ha sido fantástico. ¿Y tú, dónde has estado?
Hombre 1	He ido a la montaña y he hecho muchas fotos. ¿Quieres verlas?

남1 주말 어땠어?
남2 좋았어. 나는 세비야에 갔어. 환상적이었어. 너는 어디에 있었니?
남1 나는 산에 가서 사진을 많이 찍었어. 사진 볼래?

UNIDAD 12 pág. 76
Describir en pasado

Cuando era niña, vivía en la ciudad, pero los fines de semana iba al pueblo de mis abuelos. Allí, todo era diferente. Me gustaba mucho. Todavía recuerdo los niños con los que jugaba o el río al que íbamos y en el que nos bañábamos en verano. Era una época muy feliz, no tenía ninguna preocupación.

나는 어렸을 때 도시에서 살았지만, 주말이면 할아버지, 할머니가 사시는 시골 마을에 가곤 했습니다. 그곳은 모든 게 달랐습니다. 나는 그곳이 정말 좋았습니다. 아직도 나는 함께 놀던 아이들이나, 여름이면 우리가 가서 헤엄쳤던 강을 기억합니다. 정말 행복했던 시절이었고, 아무런 걱정도 없었습니다.

UNIDAD 13 pág. 84
Contar la historia

Colón llegó a América el 12 de octubre de 1492. Viajaron en tres barcos: la Pinta, la Niña y la Santa María. Navegaron durante mucho tiempo. Un día, un marinero vio una isla y gritó: «¡Tierra a la vista!». Cuando Colón volvió a España, informó de su viaje a los Reyes Católicos.

콜론은 1492년 10월 12일 아메리카 대륙에 도착했습니다. 그들은 라 핀타와 라 니냐, 라 산타 마리아라는 배 3척을 타고 여행했습니다. 그들은 오랜 시간 항해했습니다. 어느 날, 선원 한 명이 섬을 보고 소리쳤습니다. "육지가 보인다!" 콜론은 스페인으로 돌아와 가톨릭 군주들에게 자신의 여행에 대해 보고했습니다.

UNIDAD 14 pág. 90
Orientarse en la ciudad

Hombre	¿Por dónde se va al Jardín Botánico?
Mujer	Es muy fácil. Tenemos que seguir por esta calle todo recto hasta la plaza de Neptuno. Allí tenemos que girar a la derecha y seguir todo recto hasta llegar al Museo del Prado. Allí está, pero creo que acaba de cerrar.

남 식물원에 어떻게 가지?
여 아주 쉬워. 이 거리를 따라 넵튠 광장까지 쭉 직진하면 돼. 거기서 오른쪽으로 돌아서 프라도 미술관에 도착할 때까지 쭉 직진하면 돼. 거기에 있는데, 방금 문을 닫은 것 같아.

UNIDAD 15 pág. 96
Dar instrucciones y aconsejar

Mujer 1	Mañana es mi primer día en la oficina. Estoy un poco nerviosa. ¿Qué debo hacer?
Mujer 2	Pues llega puntual, pregunta lo que no entiendes, escucha todo lo que dice tu jefe y haz las cosas con tranquilidad.

여1 내일이 첫 출근날이야. 약간 긴장되네. 뭘 해야 하지?
여2 늦지 않게 도착하고, 네가 이해되지 않는 것은 물어보고, 네 상사가 하는 말은 모두 경청하고, 차분하게 일하도록 해.

UNIDAD 1

Comprar ropa

 듣기 pág. 6

PISTA 01

Hoy Ana lleva una falda roja. Su bolso también es rojo.

1. Hoy Juan lleva una camisa azul y unos pantalones del mismo color.
2. Hoy Cristina está muy alegre: está totalmente vestida de rosa, los pantalones y la chaqueta.
3. José y Lola van vestidos iguales, con una cazadora y unas botas marrones.
4. Hoy Marta va muy elegante. Lleva una falda naranja preciosa y un bolso del mismo color.
5. Por lo general, Paco siempre va vestido de negro, pero hoy lleva una corbata y unos guantes verdes.
6. Hoy Carlos y Ana llevan una camiseta morada, del mismo color que sus calcetines.

오늘 아나는 빨간 치마를 입고 있다. 그녀의 핸드백 또한 빨간색이다.

1. 오늘 후안은 파란 셔츠와 같은 색상의 바지를 입고 있다.
2. 오늘 크리스티나는 매우 명랑하다. 바지와 재킷 모두 분홍색으로 입고 있다.
3. 호세와 롤라는 밤색 점퍼와 밤색 부츠로 똑같은 복장을 하고 있다.
4. 오늘 마르타는 매우 우아한 차림이다. 그녀는 예쁜 주황색 치마에 같은 색상의 핸드백을 들었다.
5. 보통 파코는 늘 검은 옷을 입고 다니지만, 오늘은 초록색 넥타이에 초록색 장갑을 꼈다.
6. 오늘 카를로스와 아나는 그들의 양말과 같은 색상인 보라색 셔츠를 입고 있다.

 pág. 8

PISTA 02

1. Eva lleva un abrigo azul, unos pantalones negros y un jersey de lana verde.
2. Hoy Ana lleva un vestido de algodón naranja muy moderno.
3. Luis lleva unos zapatos muy elegantes de cuero negros.
4. Felipe lleva un abrigo gris de lana. Es muy caliente.
5. Como hoy hace mucho calor, María lleva una falda corta de rayas, una blusa blanca de seda y unas sandalias.

---

1. 에바는 파란색 코트와 검은 바지, 초록색 털 스웨터를 입고 있다.
2. 오늘 아나는 매우 모던한 주황색 면 원피스를 입었다.
3. 루이스는 매우 세련된 검은색 가죽 신발을 신었다.

4. 펠리페는 회색 털 코트를 입었다. 옷이 매우 따뜻하다.
5. 오늘 날씨가 매우 덥기 때문에, 마리아는 줄무늬 미니스커트에 하얀색 실크 블라우스를 입고 샌들을 신었다.

UNIDAD 2

Hablar del presente

듣기 pág. 14

PISTA 03

1. Cuando sale del trabajo, Ana está muy cansada, pero solo piensa en una cosa: la clase de baile.
2. Pedro empieza a trabajar muy temprano. Por eso se despierta temprano todos los días.
3. Desde pequeño, Pablo tiene un sueño: ser futbolista.
4. Teresa y yo empezamos a trabajar muy temprano. Ella empieza a las 8 y yo, a las 7:30.
5. No, no te sientes en esta silla, por favor. El abuelo siempre se sienta ahí.
6. Los niños meriendan un bocadillo, pero yo meriendo fruta.
7. Por la noche, nunca encierra al gato.
8. Antes de irse a dormir, cierra bien la puerta.

---

1. 아나는 퇴근할 때면 매우 지쳐 있지만, 오직 한 가지만 생각한다. 바로 춤 수업이다.
2. 페드로는 매우 일찍 일을 시작한다. 그래서 매일 일찍 일어난다.
3. 어릴 때부터 파블로는 꿈이 있다. 바로 축구 선수가 되는 것이다.
4. 테레사와 나는 매우 일찍 일을 시작한다. 그녀는 8시에, 나는 7시 반에 시작한다.
5. 부탁인데 너 이 의자에 앉지 마. 할아버지가 늘 거기 앉으셔.
6. 아이들은 간식으로 보카디요를 먹지만, 나는 간식으로 과일을 먹는다.
7. 밤에는 절대 고양이를 가두어 놓지 않는다.
8. 자러 가기 전에 문 잘 닫아.

UNIDAD 3

Contar actividades de la familia

듣기 pág. 18

PISTA 04

1. Luis tiene una cita con sus clientes y prepara un encuentro con ellos.
2. Hoy Ana empieza sus clases de guitarra, luego merienda con su hermano.

3. Se acuerda de una canción muy bonita.

4. Los sábados, los niños se acuestan a las 11:00 de la noche.

5. Alejandro juega al tenis, pero no al fútbol.

1. 루이스는 그의 고객들과 약속이 있어서 그들과의 만남을 준비한다.

2. 오늘 아나는 기타 수업을 시작한다. 그러고 나서 동생과 간식을 먹는다.

3. 그는 아주 예쁜 노래 하나를 기억한다.

4. 토요일마다 아이들은 밤 11시에 잔다.

5. 알레한드로는 테니스를 치지만 축구는 하지 않는다.

unidades 1 a 3
PREPARA TU EXAMEN 1

듣기   pág. 23

PISTA 05

1. • Hola, Ana. ¿Qué calor hace hoy, verdad?

   • ¡Claro! ¡Llevas un jersey de lana!

   • Sí, tengo que comprarme una camiseta de algodón y unas sandalias.

   • Pues sí, porque estas botas con este calor…

2. • ¿Y por qué no te compras una camisa?

   • Tienes razón. Solo tengo camisetas azules y blancas.

   • ¿Por qué no te compras esta camisa de cuadros?

   • ¡No, de cuadros no! ¡No me gustan! Prefiero de rayas.

3. • Juan, ¿en qué piensas?

   • Pienso en mi infancia, en el jardín de mis abuelos y en su casa.

   • ¿Piensas mucho en tus abuelos?

   • Sí, especialmente en mi abuela. La echo de menos.

4. • ¡Hola, José! ¿Dónde estás? ¿En la universidad?

   • Sí, pero estoy en la entrada de la universidad.

   • ¿Vas a clase?

   • No, no. Ahora voy con Estrella a la biblioteca.

5. • Buenas tardes, ¿qué desea?

   • Quería unos pantalones.

   • ¿De qué color? Tenemos estos negros, estos azules…

   • No, los quería marrones.

   • ¿De qué talla?

   • De la M, por favor.

1. • 안녕, 아나. 오늘 정말 덥네, 그렇지?

   • 당연하지! 너 털 스웨터 입고 있잖아!

   • 응, 나 면 티셔츠와 샌들을 사야 해.

   • 맞아, 이 더위에 이 부츠는……

2. • 너, 셔츠 하나 사지 그러니?

   • 네 말이 맞아. 나는 파란색과 흰색 티셔츠만 있어.

   • 이 체크무늬 셔츠 사지 그래?

   • 싫어, 체크무늬는 아니야! 나는 싫어! 난 줄무늬가 더 좋아.

3. • 후안, 무슨 생각해?

   • 나의 유년 시절과 할아버지, 할머니의 정원, 그들의 집을 생각해.

   • 넌 너의 할아버지와 할머니 생각을 많이 하니?

   • 응, 특히 할머니. 그녀가 그리워.

4. • 안녕, 호세! 너 어디 있니? 대학교에?

   • 응, 그런데 학교 입구에 있어.

   • 수업에 가니?

   • 아니, 아니. 지금 에스트레야와 도서관에 가고 있어.

5. • 좋은 오후입니다. 무엇을 원하십니까?

   • 바지를 사고 싶습니다.

   • 무슨 색상으로요? 이 검은색 바지가 있고, 이 파란색 바지도 있습니다만……

   • 아니에요. 나는 밤색 바지를 원합니다.

   • 사이즈는요?

   • M이요.

UNIDAD 4
Hablar del aprendizaje

듣기   pág. 26

PISTA 06

1. • Hola, Juan. ¿Sabes dónde está Ana?

   • Creo que está en su oficina, al final del pasillo, a la derecha.

2. Cristina, llevo a los niños al colegio y vuelvo a casa, ¿vale?

3. ¿No conoces al señor Molina? Es mi profesor de Biología en la universidad.

4. • Estoy muy nervioso. Hoy tengo una entrevista para un puesto de profesor de francés.

   • ¿En la escuela oficial de idiomas?

   • No, en un colegio bilingüe.

5. • ¡Qué desastre, no encuentro mis lápices!

   • Pero, Sara, ¿no los ves?

   • No. En mi mesa no están y en el despacho de Eduardo, tampoco.

   • ¡Mira! Están allí, sobre la mesa de Isabel.

1. • 안녕, 후안. 아나가 어디 있는지 아니?
   • 그녀는 사무실에 있을 거야. 복도 끝, 오른쪽에 있어.
2. 크리스티나, 나 아이들을 학교에 데려다주고 집에 올게. 알았지?
3. 너 몰리나 씨를 모르니? 그는 대학교에서 내 생물 교수님이셔.
4. • 나 정말 긴장돼. 오늘 프랑스어 선생님 자리를 위한 면접이 있어.
   • 공립 어학원(EOI)에서?
   • 아니, 이중 언어 초등학교에서 있어.
5. • 어휴, 짜증 나! 내 연필들을 못 찾겠어!
   • 하지만, 사라, 너 그것들이 안 보이니?
   • 안 보여. 내 책상에도 없고, 에두아르도의 사무실에도 없어.
   • 봐! 저기 있잖아, 이사벨의 책상 위에.

pág. 27

PISTA 07

1. • María, te presento a José.
   • Encantada, José. ¿Eres profesor, como Pilar?
   • No, no trabajo en la universidad. Trabajo en una escuela infantil.
2. Te dejo, Miguel, que todos los alumnos están ya en clase y tengo que empezar la lección.
3. • ¡No encuentro mi cuaderno de español!
   • Está allí, en el armario.
4. Eva, te presento a mi amigo Armando. Es profesor de español para extranjeros y trabaja en una escuela internacional con muchos estudiantes de todo el mundo.

1. • 마리아, 너에게 호세를 소개할게.
   • 만나서 반가워, 호세. 너는 필라르처럼 교수니?
   • 아니, 나는 대학교에서 일하지 않아. 나는 유치원에서 일해.
2. 미겔, 나 이제 전화 끊을게. 이제 학생들이 모두 교실에 있어서 수업을 시작해야 되거든.
3. • 내 스페인어 공책을 못 찾겠어!
   • 저기 있네, 옷장에.
4. 에바, 너에게 내 친구 아르만도를 소개할게. 그는 외국인을 가르치는 스페인어 선생님으로, 전 세계의 수많은 학생들이 공부하는 국제 학교에서 일해.

pág. 29

PISTA 08

1. Yo nunca dejo mi cuaderno en casa. Siempre lo llevo en mi bolso y así puedo estudiar en el autobús.
2. • ¡No entiendo por qué no resolvéis este problema!
   • No lo resolvemos porque no lo entendemos.
3. • ¿Qué te pasa, Enrique?
   • No encuentro mi libro y mañana tengo examen.
4. • Bueno, ya tenemos impresora nueva. ¿Volvemos a casa?
   • Espera, también quiero comprar un ordenador.

5. • ¡Luis! ¿Vienes conmigo a casa de Lola?
   • Vale, pero antes termino este ejercicio.

1. 나는 공책을 절대 집에 두지 않는다. 나는 항상 그것을 내 가방에 넣고 다니고, 그래서 버스에서 공부할 수 있다.
2. • 난 너희가 왜 이 문제를 풀지 못하는지 이해가 되지 않아!
   • 우리는 이것을 이해하지 못하기 때문에 풀지 못하는 거야.
3. • 엔리케, 무슨 일이야?
   • 내 책을 못 찾겠어. 내일 시험이 있는데…….
4. • 자, 이제 우리는 새 프린트가 있어. 집으로 돌아갈까?
   • 기다려, 나 컴퓨터도 사고 싶어.
5. • 루이스! 너 나와 함께 롤라의 집으로 갈래?
   • 좋아. 하지만 그 전에 이 연습 문제를 끝내고.

UNIDAD 5
Moverse por la ciudad

듣기 pág. 32

PISTA 09

1. Como hoy hace buen tiempo, Celia y Luisa pasean por la calle antes de ir a casa.
2. Vivo en una ciudad muy grande. Es muy diferente a la tuya. En la mía hay pocas casas con jardín, pero hay muchos edificios y rascacielos.
3. • Oye, José, ¿tomamos el autobús o vamos en coche?
   • Mejor vamos en metro. Hay mucho tráfico ahora.
4. • Inés, ¿dónde está la farmacia?
   • Está en la plaza, enfrente del ayuntamiento.
   • Ah, ¿entonces está cerca del teatro?
   • No, no. Está al lado de la iglesia.
5. • ¡Hola! ¿De dónde venís?
   • Volvemos del mercado, de comprar fruta y verdura.

1. 오늘 날씨가 좋기 때문에 셀리아와 루이사는 집으로 가기 전에 거리를 산책한다.
2. 나는 매우 큰 도시에서 살고 있다. 너의 도시와는 매우 다르다. 내가 사는 도시에는 정원이 딸린 집은 거의 없지만, 빌딩과 고층 건물들은 많다.
3. • 얘, 호세, 우리 버스 탈까? 아니면 차로 갈까?
   • 지하철을 타고 가는 게 나을 것 같아. 지금 길이 많이 막혀.
4. • 이네스, 약국은 어디 있어?
   • 광장에, 시청 맞은편에 있어.
   • 아, 그러면 극장 가까이에 있어?
   • 아니, 아니야. 교회 옆에 있어.
5. • 안녕! 너희들 어디에서 오니?
   • 우리는 시장에서 돌아왔어. 과일과 채소를 사러 갔었어.

읽기

pág. 32

1. Una de las imágenes más características de Madrid es la fuente de la Cibeles y el ayuntamiento.
2. El puente sobre el río Sella es muy conocido en Asturias, en el norte de España.
3. Las personas esperan en la parada para poder subir al autobús para ir al trabajo.
4. Muchos jóvenes van al cine para ver una película los fines de semana.
5. A mi mujer le gusta comprar la fruta en el mercado porque dice que es más fresca.
6. En las ciudades hay farmacias abiertas las 24 horas los 365 días del año.
7. Roberto y Sandra hacen la compra en el supermercado los fines de semana, porque tiene de todo.
8. Un gran problema de las ciudades grandes son los coches, porque hay muchos atascos.
9. En el centro de las ciudades históricas no hay rascacielos, hay edificios antiguos muy bonitos.

1. 마드리드에서 가장 특징적인 이미지들 중 하나는 시벨레스 분수와 시청이다.
2. 세야 강의 다리는 스페인 북부에 있는 아스투리아스에서 매우 유명하다.
3. 사람들은 직장에 가는 버스를 타기 위해 정류장에서 기다린다.
4. 많은 젊은이들은 주말에 영화를 보러 영화관에 간다.
5. 내 아내는 시장에서 과일을 사는 것을 좋아한다. 그것이 훨씬 신선하다고들 하기 때문이다.
6. 도시에는 1년 365일 24시간 여는 약국들이 있다.
7. 로베르토와 산드라는 주말에 슈퍼마켓에서 장을 본다. 그곳에는 모든 것이 있기 때문이다.
8. 대도시의 큰 문제는 차들이다. 심각한 교통 체증이 있기 때문이다.
9. 역사적인 도시들의 중심지에는 고층 건물들이 없고, 아주 아름다운 오래된 건물들이 있다.

UNIDAD 6
Hablar de gustos y preferencias

듣기

pág. 40

PISTA 10

• Hola, María, ¿adónde vas?
• Voy al mercado. ¿Me acompañas?
• Vale. ¿Qué quieres comprar?
• Pues mañana tengo invitados, así que quiero hacer algo especial.

• ¿Por qué no haces una paella?
• Pues es buena idea, tienes razón. A Elena le gusta mucho la paella, pero no le gusta el marisco, así que la hago de pollo. Necesito comprar algo de pollo... ¡Ah! Y una botella de aceite de oliva.
• ¿No necesitas comprar un paquete de arroz?
• No, arroz tengo en casa.
• ¿Y verdura?
• Sí, claro, y también algo de fruta.

• 안녕, 마리아, 너 어디 가니?
• 시장에 가. 나랑 같이 갈래?
• 좋아. 뭐 사려고 하는데?
• 그게, 내일 손님들이 와서 뭔가 특별한 것을 만들고 싶어.
• 파에야를 하지 그래?
• 좋은 생각이다. 네 말이 맞아. 엘레나는 파에야를 매우 좋아하지만, 해산물은 좋아하지 않아. 그래서 닭고기 파에야를 할 거야. 닭고기 좀 사야겠네……. 아! 그리고 올리브유 한 병도.
• 쌀 한 팩은 안 사도 돼?
• 안 사도 돼, 쌀은 집에 있어.
• 그럼 채소는?
• 당연히 사야지. 그리고 과일도 조금 사야 해.

unidades 4 a 6
PREPARA TU EXAMEN 2

읽기

pág. 42

Menú del día

1. **1.er plato**
   Paella
   2.º plato
   Ensalada mixta
   Postre
   Pan, flan y bebida

2. **1.er plato**
   Sopa de verduras
   2.º plato
   Pollo asado con patatas fritas
   Postre
   Fruta del tiempo

3. **1.er plato**
   Crema de espinacas
   2.º plato
   Huevos fritos con patatas
   Postre
   Helado o fruta del tiempo

4. **1.er plato**
   Ensalada mixta
   2.º plato
   Chuletas de cordero con patatas
   Postre
   Helado de chocolate

5. 1.ᵉʳ plato
Ensalada mixta
2.º plato
Pescado a la marinera con gambas
Postre
Helado

6. 1.ᵉʳ plato
Ensalada mixta
2.º plato
Pescado a la vasca
Postre
Tarta de chocolate

7. 1.ᵉʳ plato
Tortilla de patata
2.º plato
Filete de cerdo con verduras
Postre
Pastel de chocolate

8. 1.ᵉʳ plato
Sopa de marisco
2.º plato
Filete de merluza con verdura
Postre
Tarta de manzana

오늘의 메뉴

1. **전채 요리**
   파에야
   주요리
   모듬 샐러드
   후식
   빵, 플란, 음료

2. **전채 요리**
   채소 수프
   주요리
   감자튀김을 곁들인 닭구이
   후식
   제철 과일

3. **전채 요리**
   시금치 크림 수프
   주요리
   감자를 곁들인 계란프라이
   후식
   아이스크림 또는 제철 과일

4. **전채 요리**
   모듬 샐러드
   주요리
   감자를 곁들인 양갈비
   후식
   초콜릿 아이스크림

5. **전채 요리**
   모듬 샐러드
   주요리
   새우를 곁들인 생선찜
   후식
   아이스크림

6. **전채 요리**
   모듬 샐러드
   주요리
   바스크식 생선 요리
   후식
   초콜릿 케이크

7. **전채 요리**
   감자 토르티야
   주요리
   채소를 곁들인 돼지고기 스테이크
   후식
   초콜릿 파이

8. **전채 요리**
   해산물 수프
   주요리
   채소를 곁들인 대구 스테이크
   후식
   사과 케이크

 듣기

pág. 43

PISTA 11

1. Marta y Lorenzo pasean por el parque con su perro.
2. Elisa y sus amigos están en la parada del autobús.
3. La catedral de Sevilla es preciosa.
4. La bici está en el puente.
5. La gente se sienta en la terraza de la plaza.
6. ¡Qué bonito es el puente de Triana!
7. Muchas personas van a trabajar en metro.
8. ¿Vamos al supermercado a hacer la compra?

1. 마르타와 로렌소는 그들의 개와 공원을 산책한다.
2. 엘리사와 그녀의 친구들은 버스 정류장에 있다.
3. 세비야 대성당은 매우 아름답다.
4. 자전거는 다리에 있다.
5. 사람들이 광장의 테라스에 앉는다.
6. 트리아나 다리는 정말 아름답구나!
7. 많은 사람들은 지하철을 타고 일하러 간다.
8. 우리 장보러 슈퍼마켓 갈까?

UNIDAD 7
Ir al médico

듣기

pág. 49

PISTA 12

1. Buenos días, quería pedir cita con el Dr. Romero, por favor.
2. • ¿Qué te pasa, Ana? ¿No te sientes bien?
   • Estoy muy cansada y me duele mucho la cabeza.
3. Necesito descansar un rato. Estoy demasiado tiempo delante del ordenador y me pican los ojos.
4. Lo siento, Miguel, hoy no puedo jugar al fútbol, me duelen mucho los pies.
5. • Ay, me duele la espalda.
   • Claro, no estás sentada correctamente frente al ordenador.

1. 안녕하세요, 로메로 박사님과 약속을 정하고 싶습니다.
2. • 아나, 너 무슨 일이야? 몸이 안 좋니?
   • 너무 피곤하고 머리가 심하게 아파.
3. 나는 잠깐 쉬어야 해. 너무 오랜 시간 컴퓨터 앞에 있었더니 눈이 아프네.
4. 미안해, 미겔, 오늘 축구 못 하겠어. 발이 너무 아파.
5. • 아, 나 허리 아파.
   • 당연하지, 너는 컴퓨터 앞에서 똑바로 앉아 있지 않잖아.

UNIDAD 8
Describir el carácter

듣기 pág. 52

PISTA 13

1. • ¿Por qué te gusta trabajar con Juan?
   • Pues, mira, Juan es muy exigente, pero también es muy trabajador y no es nada aburrido, al contrario, es muy divertido.
2. • ¿Y tu nuevo vecino?
   • ¿El señor López? Es una persona encantadora y muy amable. No habla mucho, pero es muy inteligente. Dice cosas muy interesantes.
3. • ¿Qué tal les va a José y a Lola en el cole?
   • Bueno, ya sabes que no son nada tímidos, pero son muy simpáticos y divertidos.
4. • ¿Cómo son las amigas de tu hermana?
   • Pues no sé, me parecen muy alegres y divertidas, pero a veces son un poco desagradables.
5. • ¿Cómo es tu compañera Isabel? ¿Es tímida?
   • ¿Tímida? Uy, no, no, no, al contrario. Habla muchísimo y es muy trabajadora.

1. • 너는 왜 후안하고 일하는 걸 좋아하니?
   • 글쎄, 뭐랄까, 후안은 상당히 까다로워. 하지만 또한 매우 성실하고 전혀 지루하지 않아, 오히려 정말 재미있어.
2. • 너의 새로운 이웃은 어때?
   • 로페스 씨? 매력적이고 아주 친절한 사람이야. 말은 많이 하지 않지만, 상당히 지적이야. 매우 흥미로운 것들을 이야기하거든.
3. • 호세와 롤라의 학교생활이 어때?
   • 좋아. 너도 알다시피 그들은 전혀 내성적이지 않고, 매우 상냥하고 유쾌하니까.
4. • 네 언니의 친구들은 어때?
   • 글쎄, 잘 모르겠어. 내가 보기에 매우 쾌활하고 재미있어 보이지만, 가끔은 좀 불쾌할 때도 있어.
5. • 네 동료인 이사벨은 어때? 내성적이야?
   • 내성적이냐고? 전혀 아니야. 정반대지. 무지하게 말을 많이 하고 아주 성실해.

 pág. 54

PISTA 14

1. Ana, Isabel y Clara son buenas amigas. Ana y Clara son muy generosas, pero Isabel es la más generosa, la verdad.
2. Mis amigos son muy divertidos y alegres. Felipe me parece muy simpático. Y, la verdad, es tan alegre como mi novio.
3. Cristina es muy responsable y trabajadora. Yo creo que es más trabajadora que su compañero Luis.
4. • ¡Qué tímidas son las hermanas de Alberto! Casi no hablan.
   • Sí, sí. Son mucho más tímidas que sus primos.
5. Son una pareja muy diferente. José me parece muy divertido y muy simpático. En cambio, ella es muy seria y un poco antipática.

1. 아나와 이사벨, 클라라는 친한 친구들이다. 아나와 클라라는 매우 너그럽지만, 사실 이사벨이 가장 너그럽다.
2. 내 친구들은 매우 재미있고 유쾌하다. 내가 보기에 펠리페는 매우 친절하다. 그리고 사실, 그는 내 남자 친구만큼이나 유쾌하다.
3. 크리스티나는 매우 책임감이 있고 성실하다. 내 생각에 그녀는 그녀의 동료인 루이스보다 훨씬 성실하다.
4. • 알베르토의 여동생들은 정말 수줍음이 많아! 거의 말을 안 해.
   • 맞아, 맞아. 그녀들이 그의 사촌들보다 훨씬 내성적이야.
5. 그들은 상당히 다른 커플이다. 내가 보기에 호세는 매우 재미있고 아주 친절하다. 반면에, 그녀는 매우 진지하며 약간 비호감이다.

UNIDAD 9
Hablar de actividades actuales y deportes

듣기 pág. 59

PISTA 15

1. • ¿Practicas algún deporte, Ana?
   • Sí, el tenis, pero no me gusta mucho. Prefiero el baloncesto. A mis hermanos no les gusta. Ellos prefieren correr y nadar.
2. Juan juega al fútbol con sus amigos. Ellos también esquían y hacen senderismo, pero Juan, no.
3. • ¡Hola! Cristina, ¿qué hacéis estas vacaciones?
   • Pues José y Lola quieren esquiar, así que vamos a la montaña. Como a mí no me gusta esquiar, hago senderismo.
4. No, Felipe, no quiero jugar contigo al golf. Ya sé que es tu actividad preferida, pero yo prefiero el tenis.

1. • 아나, 너 운동 하니?
   • 응, 테니스를 쳐. 하지만 많이 좋아하지는 않아. 난 농구를 더 좋아해. 내 동생들은 아니야. 그들은 달리기와 수영을 더 좋아해.
2. 후안은 친구들과 함께 축구한다. 그들은 또한 스키를 타고 등산도 하지만, 후안은 아니다.
3. • 안녕, 크리스티나! 너희 이번 휴가 때 뭐 해?

• 음, 호세와 롤라가 스키를 타고 싶어 해서 우리는 산에 갈 거야. 나는 스키 타는 것을 좋아하지 않기 때문에 등산을 할 거야.

4. 싫어, 펠리페, 나는 너와 골프를 치고 싶지 않아. 그게 네가 좋아하는 운동이라는 걸 알지만 나는 테니스가 더 좋아.

 pág. 60

PISTA 16

1. Juan juega muy bien al tenis, pero hoy Ana está jugando mejor.
2. Cristina está jugando un partido de baloncesto y Carlos está viendo el fútbol en la tele.
3. Felipe está caminando por el campo y Elena está comprándose unas botas de montaña.
4. María está yendo al gimnasio y Juan está corriendo el maratón.
5. Juan y Lola se están poniendo las botas para ir a andar.

1. 후안은 테니스를 매우 잘 친다. 하지만 오늘은 아나가 훨씬 잘한다.
2. 크리스티나는 농구 경기를 하고 있고, 카를로스는 텔레비전으로 축구를 보고 있다.
3. 펠리페는 들판을 걷고 있고, 엘레나는 등산화를 사고 있다.
4. 마리아는 체육관으로 가고 있고, 후안은 마라톤을 뛰고 있다.
5. 후안과 롤라는 걸으러 가기 위해 부츠를 신고 있다.

unidades 7 a 9
PREPARA TU EXAMEN 3

 듣기 pág. 62

PISTA 17

• ¡Hola, Ana! ¿Dónde vas?
• Voy a clase de tenis.
• ¿Juegas al tenis? ¿Hace mucho que lo practicas?
• No, no mucho, soy principiante. Hace un mes, más o menos, empecé las clases. Pero practico natación desde hace muchos años. Voy a la piscina dos veces a la semana. Y tú, ¿practicas algún deporte?
• A mí me gusta la montaña. En invierno esquío y en verano hago senderismo.
• ¿No juegas al fútbol?
• Pues la verdad es que me encanta, pero no para practicarlo. Me gusta verlo en la televisión.

• 안녕, 아나! 너 어디 가니?
• 테니스 수업 가.
• 너 테니스 쳐? 테니스 친 지 오래됐어?

• 아니, 오래된 건 아니야. 초보야. 대략 한 달 전에 수업을 듣기 시작했어. 하지만 수영은 오래전부터 하고 있어. 나는 일주일에 두 번 수영장에 가. 그런데 너는 어떤 운동 해?
• 나는 산을 좋아해. 겨울에는 스키 타고, 여름에는 등산해.
• 축구는 안 해?
• 사실 매우 좋아해. 하지만 운동으로 할 정도는 아니야. 텔레비전으로 보는 걸 좋아해.

읽기 pág. 62

Hola, Sandra. Como este verano vas a pasar unos días con nosotros, te voy a presentar a mis amigos y así los conoces un poco. Tengo muchos amigos, pero todos son muy diferentes. Luisa, por ejemplo, habla muchísimo y es muy sociable. Puede hablar fácilmente con gente que no conoce. Le encanta conocer nuevas personas y hacer nuevos amigos. Juan también es una persona encantadora y, sobre todo, muy generoso. Nos invita a su casa y, en el bar, muchas veces paga él. En cambio, Felipe no sale mucho con nosotros. Se pasa el tiempo estudiando. Le encanta leer y estudiar cosas nuevas. Sabe muchísimas cosas. ¿Begoña? Uy, Begoña es una mujer muy inteligente, pero nunca habla con nadie. Es un poco especial. En fin, así son mis amigos.

안녕, 산드라. 올여름에 네가 우리와 함께 며칠 지낼 거니까 너에게 내 친구들을 소개할게. 이렇게 네가 그들을 약간은 알 수 있을 거야. 나는 친구들이 많지만, 모두 매우 달라. 예를 들어, 루이사는 말이 아주 많고 매우 사교적이야. 모르는 사람하고도 쉽게 얘기할 수 있어. 그녀는 새로운 사람들을 만나고 새 친구들을 만드는 것을 정말 좋아해. 후안도 매력적인 사람인데, 특히 아주 너그러워. 그는 우리를 그의 집으로 초대하고, 바에서는 자주 그가 돈을 내. 반면에, 펠리페는 우리랑 많이 어울리지는 않아. 그는 공부하면서 시간을 보내. 그는 독서하고, 새로운 것을 공부하는 걸 좋아해. 아주 많은 것들을 알고 있지. 베고냐는? 어휴, 베고냐는 매우 똑똑한 여자인데, 절대 아무하고도 얘기하지 않아. 약간 특별해. 요컨대, 내 친구들은 이래.

 pág. 63

a. **Grupo de corredores**
Si quieres prepararte para el próximo maratón de la ciudad, ven a correr con nosotros. Entrenamos todos los miércoles y los fines de semana. Grupo de jóvenes deportistas de tu ciudad, no importa la edad.

b. **Escuela de idiomas**
Buscamos personas nativas para intercambiar conversación con estudiantes extranjeros. Si eres comunicativo y quieres mejorar tu nivel de idiomas, te esperamos en Gran Vía, 5. Completamente gratuito.

c. **Tienda de moda**
Buscamos dependientes simpáticos, elegantes y

con capacidad de ventas para nueva tienda del centro de la ciudad. Imprescindible buena presencia y seriedad. Enviar CV a: modoshoy@gmail.com

d. **Curso de comunicación a través del teatro**
Si quieres hacer nuevos amigos, si no sabes cómo hablar con personas desconocidas, ya está abierto nuestro plazo de matrícula. En este curso de comunicación personal, con actividades de teatro y de grupo, vamos a aprender a expresarnos. Ven e infórmate.

e. **Se busca compañero de piso**
Grupo de estudiantes internacionales ofrece dos habitaciones libres en piso compartido. Imprescindible, tolerancia y buena educación.

f. **Nuevo en la ciudad**
Soy nuevo en la ciudad y busco amigos. Simpático, abierto. Me gusta el baloncesto y correr. Busco similar para amistad.

g. **Cuidado de niños**
Persona cariñosa, paciente, amante de los niños y con experiencia se ofrece para fines de semana o para las tardes.

h. **Reunión de vecinos**
Se convoca a todos los vecinos a una reunión extraordinaria el próximo lunes para elegir a los nuevos porteros. Por favor, os rogamos la asistencia de todos.

i. **Amigos del museo**
Si quieres compartir tus conocimientos, si el arte para ti es importante, el grupo Amigos del Museo de la Ciudad te da la bienvenida. Mañana día de puertas abiertas. Ven a conocernos.

a. **달리기 선수 그룹**
시에서 주최하는 다음 마라톤 경기를 준비하고 싶다면 우리와 함께 달리러 오세요. 우리는 매주 수요일과 주말에 훈련합니다. 이 도시의 운동을 좋아하는 청년 그룹으로, 나이는 중요하지 않습니다.

b. **외국어 학원**
외국인 학생들과 회화 연습을 교환할 원어민을 찾습니다. 당신이 의사소통하기를 좋아하고 당신의 언어 레벨을 높이고 싶다면, 그란비아 거리 5번지에서 당신을 기다리고 있겠습니다. 완전히 무료입니다.

c. **옷 가게**
시내 중심지에 새로 연 가게에서 친절하고 세련되고 판매 능력을 가진 종업원들을 찾습니다. 준수한 외모와 진지한 성격은 필수입니다. modoshoy@gmail.com으로 이력서를 보내 주세요.

d. **연극을 통한 소통 수업**
당신이 새로운 친구들을 사귀고 싶지만 낯선 사람과 어떻게 이야기할지 모른다면 우리 수업의 등록 기간이 시작되었습니다. 이 개인 의사소통 수업에서 우리는 연극과 그룹 활동을 통해 자신을 표현하는 방법을 배우게 될 겁니다. 문의하러 오세요.

e. **룸메이트를 찾습니다.**
다국적 학생 그룹의 공유 아파트에 빈 방이 2개 있습니다. 관용과 바른 예절은 필수입니다.

f. **도시의 새로운 주민**
나는 이 도시가 처음이라 친구들을 찾습니다. 나는 친절하고 열려 있습니다. 나는 농구와 달리기를 좋아합니다. 우정을 쌓을 수 있는 비슷한 분을 찾습니다.

g. **아이 돌보기**
저는 다정하고, 참을성 있고, 아이들을 사랑하는 사람으로, 경험이 많습니다. 주말 또는 오후 시간이 가능합니다.

h. **입주자 모임**
다음 주 월요일에 새로운 경비원들을 채용하기 위한 비정규 모임에 전 주민을 소집합니다. 모든 분의 참여를 당부드립니다.

i. **미술관을 좋아하는 친구들**
당신의 지식을 함께 나누고 싶다면, 당신에게 예술이 중요하다면, 이 도시의 미술관을 좋아하는 친구들 그룹이 당신을 환영합니다. 내일 문을 활짝 개방합니다. 우리를 만나러 오세요.

UNIDAD 10
Planificar viajes

듣기

pág. 69

PISTA 18

1. Ya tengo una guía de Argentina en casa, así que no necesito comprarme esta.
2. ¡Qué bien! Ya puedo comprar el billete de avión, mañana voy a buscar el visado.
3. • ¿Adónde vas con las maletas, Lola?
   • Tenemos que facturarlas antes de pasar el control de pasajeros.
4. • ¿Seguro que queréis visitar este museo?
   • Sí, dicen que es muy interesante.
5. Esta tarde llamo al hotel para reservar las habitaciones.

1. 난 이미 집에 아르헨티나 가이드북을 하나 가지고 있어. 그래서 이걸 살 필요 없어.
2. 정말 잘 됐다! 나 이제 비행기표를 살 수 있어. 내일 비자를 찾으러 갈 거야.
3. • 롤라, 트렁크들을 들고 어디 가?
   • 우리는 보안 검색대를 통과하기 전에 수화물을 붙여야 해.
4. • 너희 진짜로 이 미술관을 방문하고 싶어?
   • 응, 매우 흥미롭다고 하더라고.
5. 오늘 오후에 나는 방을 예약하기 위해 호텔에 전화할 거야.

UNIDAD 11
Hablar de las vacaciones

 듣기   pág. 74

> **PISTA 19**
>
> • ¡Carlos!, ¿qué tal? No te he visto en toda la semana. ¿Dónde has estado?
>
> • Pues he estado unos días en Sevilla con Juan y Lola.
>
> • ¿Sí? ¿Y qué tal por allí?
>
> • Pues muy bien, la verdad. Lola ha visitado los museos y ha ido a todas las exposiciones. Le gusta mucho la pintura. Juan y yo hemos visitado el parque de María Luisa, la catedral… Cada noche hemos hecho algo diferente: hemos ido a ver el puente de Triana, hemos tomado tapas en un restaurante andaluz, hemos visto un espectáculo de flamenco… Y tú, ¿qué has hecho esta semana?
>
> • Me he quedado en casa y he estado estudiando para mi próximo examen.

• 카를로스! 잘 지냈어? 일주일 내내 너를 보지 못했네. 어디에 있었던 거야?

• 그게, 후안과 롤라와 함께 며칠 세비야에 있었어.

• 그래? 거긴 어땠어?

• 정말 좋았어. 롤라는 미술관들을 방문하고, 모든 전시회들을 다 보러 갔어. 그녀는 그림을 정말 좋아하거든. 후안과 나는 마리아 루이사 공원과 대성당을 방문했고. 우리는 매일 밤 무언가 다른 것을 했어. 우리는 트리아나 다리를 보러 갔고, 안달루시아 레스토랑에서 타파스를 먹고, 플라멩코 공연을 봤어. 너는, 이번 주에 뭐 했어?

• 나는 집에 있었어. 다음 시험을 위해 공부하고 있었어.

 읽기   pág. 74

> Hoy, Juan y Ana han decidido ir de excursión a un parque natural. Se han levantado a las 7:00 de la mañana y han desayunado pan con mermelada. Después, han comprado unos bocadillos y agua en un supermercado.
>
> Primero han ido en coche hasta la entrada del parque. Allí han mirado el recorrido en el mapa, y han seguido el sendero indicado. A las 14:00 han comido los bocadillos junto a la orilla del lago. Después, han dormido la siesta y Ana ha jugado con su perro.
>
> De vuelta a casa, han leído mal las instrucciones y se han perdido durante dos horas.
>
> Por suerte, se han encontrado con otros excursionistas que les han indicado el camino correcto. Han llegado a casa muy cansados.

오늘, 후안과 아나는 자연공원으로 소풍을 가기로 결정했다. 그들은 오전 7시에 일어나 잼을 바른 빵으로 아침 식사를 했다. 그러고 나서, 슈퍼마켓에서 보카디요와 물을 샀다.

먼저 그들은 공원 입구까지 차로 갔다. 그곳에서 그들은 지도에서 루트를 보고, 지도에 표시된 오솔길을 따라갔다. 그들은 오후 2시에 호숫가에서 보카디요를 먹었다. 그러고 나서 그들은 낮잠을 잤고, 아나는 그녀의 개와 함께 놀았다.

집으로 돌아오는 길에, 그들은 안내문을 잘못 읽고 2시간 동안 길을 헤맸다. 다행히, 그들은 다른 관광객들을 만났고, 그들에게 올바른 길을 알려 줬다. 그들은 매우 지쳐서 집에 도착했다.

UNIDAD 12
Describir en pasado

 듣기   pág. 78

> **PISTA 20**
>
> 1. • José, ¿tú jugabas en la calle cuando eras niño?
>
>   • Nooo, mis padres nunca me dejaban jugar en la calle. Cuando hacía buen tiempo, mis amigos y yo jugábamos en el jardín de algún amigo, pero nunca en la calle.
>
> 2. • Cuando era estudiante, siempre estudiaba por las noches. No me gustaba, pero durante el día prefería estar con mis amigos.
>
>   • Pues yo siempre estudiaba por la tarde, para poder ver la tele después. Me encantaban los documentales y los veía a diario.
>
>   • Pues Lola y yo también veíamos mucho la tele, porque nos encantaba ver el deporte. Lo que más nos gustaba era el baloncesto y la gimnasia.

1. • 호세, 너는 어렸을 때 길거리에서 놀았니?

   • 아니, 내 부모님은 나를 절대 길거리에서 놀게 놔두지 않았어. 날씨가 좋으면 내 친구들과 나는 친구네 정원에서 놀기는 했지만, 길거리에서는 절대 아니었지.

2. • 나는 학생이었을 때 항상 밤에 공부했어. 그게 좋진 않았지만, 낮에는 친구들과 함께 있고 싶었거든.

   • 음, 나는 항상 오후에 공부했어. 그후에 텔레비전을 볼 수 있도록. 나는 다큐멘터리를 좋아해서 매일 봤어.

   • 롤라와 나도 텔레비전을 많이 봤어. 우리는 스포츠 경기를 보는 걸 좋아했거든. 우리가 가장 좋아했던 것은 농구와 체조였어.

 읽기   pág. 79

> 1. Cuando yo era niño, tenía una vida muy tranquila. Todos los días hacía lo mismo. Cada mañana, mi madre nos despertaba a las 7:30. Primero se levantaba mi hermano mayor. Yo siempre me

quedaba en la cama unos minutos más mientras mi hermano se duchaba.

2. Después de ducharme, me vestía (siempre me ponía vaqueros). Luego, iba a la cocina. Desayunábamos todos juntos, me lavaba los dientes y mis hermanos y yo subíamos al coche. Mi padre nos llevaba al colegio porque mi madre empezaba a trabajar antes.

3. Después del colegio, volvía a casa con mi amigo Juan, que vivía en la misma calle. Merendábamos un bocadillo en su casa y luego salíamos a jugar con los amigos. Montábamos en bici, corríamos mucho detrás de un balón, y cuando estábamos cansados, nos sentábamos en el banco que había delante de mi casa.

4. A las 19:00 volvíamos a nuestras casas. Hacía los deberes y mi hermano me ayudaba con las Matemáticas porque no me gustaban nada y nunca entendía los ejercicios. En cambio, me encantaba la Historia. Era mi asignatura favorita y sacaba muy buenas notas.

1. 내가 어렸을 때, 나는 매우 평온한 생활을 했다. 매일매일이 똑같았다. 아침마다 어머니가 7시 30분에 우리를 깨웠다. 먼저 형이 일어났다. 형이 샤워하는 동안 나는 항상 침대에서 몇 분 더 머물렀다.

2. 나는 샤워한 후, 옷을 입었는데, 항상 청바지를 입었다. 그러고 나서, 나는 부엌으로 갔다. 우리는 모두 모여서 아침 식사를 했고, 나는 이를 닦았다. 내 형제들과 나는 차를 탔다. 어머니가 먼저 일을 시작했기 때문에 아버지가 우리를 학교에 데려다줬다.

3. 학교가 끝난 후, 나는 같은 거리에 사는 내 친구 후안과 함께 집으로 돌아왔다. 우리는 그의 집에서 간식으로 보카디요를 먹고, 친구들과 함께 놀러 나갔다. 우리는 자전거를 타고, 공을 쫓아 엄청나게 뛰곤했고, 피곤하면, 내 집 앞에 있는 벤치에 앉았다.

4. 저녁 7시에 우리는 집으로 돌아갔다. 나는 숙제를 했고, 형이 수학을 도와주었다. 나는 수학은 전혀 좋아하지 않았고, 연습 문제들을 절대 이해하지 못했다. 반면에 나는 역사를 매우 좋아했다. 그것은 내가 좋아하는 과목이었고, 아주 좋은 점수를 받곤 했다.

듣기   pág. 80

PISTA 21

1. Carmen: Cuando era niña, vivía con mis padres en un pueblo de Andalucía. En invierno y en primavera era agradable, pero en verano hacía mucho calor. Entonces íbamos al mar.

2. Felipe: Yo vivía en Venezuela. Allí el clima es tropical. En la costa hacía muchísimo calor y había mucha humedad, por eso íbamos mucho a la montaña. Allí hacía menos calor.

3. Guadalupe: Cuando era niña, vivía en el norte de México. Siempre hacía muchísimo calor porque es un clima desértico. Es una región muy árida. Hacía

tanto calor que no podíamos salir a jugar a la calle. Teníamos que quedarnos en casa.

4. Pedro: Isabel y yo, cuando éramos adolescentes, también vivíamos en México, pero más al sur, cerca de la capital. El clima allí era mucho más templado y agradable. Pasábamos mucho tiempo en el jardín.

1. 카르멘: 나는 어렸을 때, 안달루시아의 시골 마을에서 부모님과 함께 살았다. 겨울과 봄에는 쾌적했지만, 여름에는 너무 더웠다. 그러면 우리는 바다로 갔다.

2. 펠리페: 나는 베네수엘라에서 살았다. 그곳의 기후는 열대성이다. 해안은 굉장히 덥고, 습기가 매우 높았다. 그래서 우리가 산에 많이 갔다. 그곳은 덜 더웠다.

3. 과달루페: 나는 어렸을 때, 멕시코 북부에서 살았다. 사막성 기후라 늘 무지하게 더웠다. 그곳은 매우 건조한 지역이다. 너무 더워서 우리는 길거리로 놀러 나가지 못할 정도였다. 우리는 집에 있어야 했다.

4. 페드로: 이사벨과 나도 청소년기였을 때, 멕시코에서 살았다. 하지만 좀 더 남쪽, 수도에 가까운 곳이었다. 그곳의 기후는 훨씬 온화하고 쾌적했다. 우리는 정원에서 오랜 시간을 보냈다.

unidades 10 a 12
PREPARA TU EXAMEN 4

듣기   pág. 83

PISTA 22

1. • Hola, Antonio. ¿Dónde estabas? He ido a la playa, pero no te he visto.
   • Es que había olvidado mis gafas en el coche y, como no tengo sombrilla y hace mucho sol, he ido a por ellas. También he pasado por la farmacia para comprar crema de protección solar.

2. Este verano hemos decidido cambiar de planes y no hemos ido a la playa. Hemos pasado las vacaciones con unos amigos que viven en un pueblo. Cerca del pueblo hay un lago precioso y muchos bosques por los que hemos paseado.

3. • ¿Qué tal las vacaciones?
   • ¡Uf! ¡Fatal! Ha hecho un tiempo horrible. Ha llovido casi toda la semana y, cuando no llovía, el cielo estaba nublado. No me he puesto ni una sola vez el bañador.

4. • Hola, Pablo. ¿Ya has vuelto de tus vacaciones? Pensaba que volvías ayer...
   • Pues sí, pensaba volver ayer, pero el billete de avión era demasiado caro. Así que he decidido tomar el tren esta mañana, pero el taxi no ha llegado a tiempo por el tráfico. Por eso, al final, he venido en autobús y acabo de llegar.

1. • 안녕, 안토니오. 너 어디 있었어? 나 바닷가에 갔었는데 널 못 봤어.

   • 그게 안경을 잊어버리고 차에 뒀거든. 파라솔도 없고, 해도 너무 강해서 안경을 가지러 갔었어. 그리고 자외선 차단 크림을 사려고 약국에도 들렀어.

2. 올여름 우리는 계획을 변경하기로 했고, 바닷가에는 가지 않았다. 우리는 시골 마을에 사는 친구들과 함께 휴가를 보냈다. 마을 근처에 아름다운 호수와 많은 숲이 있는데, 우리는 숲을 산책했다.

3. • 휴가는 어땠어?

   • 아이고! 최악이었어! 날씨가 끔찍했거든. 거의 일주일 내내 비가 내렸고, 비가 오지 않을 때는 하늘이 흐렸어. 나는 수영복은 단 한 번도 입지 못했어.

4. • 안녕, 파블로. 이제 휴가에서 돌아오는 거야? 나는 네가 어제 왔다고 생각했는데……

   • 응, 어제 돌아올 생각이었어. 하지만 비행기 표가 지나치게 비쌌어. 그래서 오늘 아침에 기차를 타기로 했지. 그런데 차가 막혀서 택시가 제시간에 도착하지 않았어. 그래서, 결국 버스를 타고 방금 막 도착했어.

UNIDAD 13
Contar la historia

 듣기 pág. 88

PISTA 23

1. El 12 de octubre de 1492, Cristóbal Colón llegó a América.
2. Los tres barcos de Cristóbal Colón salieron de Andalucía en agosto del mismo año.
3. Cristóbal Colón escribió a los Reyes Católicos para contarles su viaje.
4. En su carta les contó que estaba en las Indias.
5. A partir de entonces aumentó el intercambio económico con América y nuevos productos llegaron a Europa.

1. 1492년 10월 12일, 크리스토발 콜론이 아메리카 대륙에 도착했다.
2. 같은 해 8월에 크리스토발 콜론의 배 3척이 안달루시아를 출발했다.
3. 크리스토발 콜론은 자신의 여행에 대해 이야기하기 위해 가톨릭 군주들에게 편지를 썼다.
4. 편지에서 그는 그들에게 자신이 인도에 있다고 했다.
5. 그때부터 아메리카 대륙과의 경제 교역이 증가했고, 새로운 산물들이 유럽에 도래했다.

UNIDAD 14
Orientarse en la ciudad

 듣기 pág. 94

PISTA 24

• Bueno, ya hemos llegado a Palencia. Juan me ha dicho que vive a las afueras, al suroeste de Valladolid, y me ha explicado cómo llegar a su casa, así que va a ser muy fácil. Tenemos que seguir la avenida hasta la plaza Mayor. Luego, giramos a la izquierda… No, perdón, a la derecha. Y pasamos por delante de una estatua y seguimos todo recto hasta la autopista. Entonces, hay que seguir en dirección hacia Burgos.

• Pero… ¡Si Burgos está al noroeste de Palencia! Nosotros tenemos que ir hacia Valladolid, que está en el suroeste.

• 자, 이제 우리는 팔렌시아에 도착했어. 후안은 자신이 바야돌리드의 남서쪽 근교에 산다고 했고, 그의 집에 어떻게 가는지 나에게 설명해 줬어. 그래서 (가는 것이) 매우 간단할 거야. 우리는 마요르 광장까지 대로를 따라가야 해. 그러고 나서, 왼쪽으로 돌아서…… 아니다, 미안, 오른쪽으로. 그리고 우리는 동상 앞을 지나 고속도로가 나올 때까지 쭉 직진해서 부르고스 방향으로 계속 가야 해.

• 하지만 부르고스는 팔렌시아의 북서쪽에 있어! 우리는 남서쪽에 있는 바야돌리드를 향해 가야 해.

읽기 pág. 95

1. Cuando era niño, iba solo a la escuela. No estaba lejos de casa. Solo tenía que cruzar una calle. Pasaba por delante de la pastelería y seguía todo recto hasta el final de la calle.
2. Para no perderse en una ciudad nueva, hay que mirar un plano. Si no tiene, es necesario comprar uno o comprar un GPS. Entonces, ¡solo tienes que seguir las indicaciones!
3. Anoche, cuando llegué a casa, Sergio no estaba. Intenté llamarlo, pero no contestaba. Entonces empecé a preocuparme. Salí a la calle y caminé hacia la plaza Mayor. Giré a la izquierda, pasé por delante del ayuntamiento y seguí hasta su café favorito. Allí, sus amigos me dijeron que Sergio acababa de irse a casa.

1. 나는 어렸을 때 혼자 학교에 가곤 했다. 학교가 집에서 멀지는 않았다. 단지 길만 한 번 건너면 됐다. 제과점 앞을 지나 거리 끝까지 쭉 직진했다.
2. 새로운 도시에서 길을 잃지 않으려면 지도를 봐야 한다. 지도가 없다면 지도를 사거나 아니면 GPS를 사야 할 필요가 있다. 그리고 가리키는 대로 따라만 가면 된다!
3. 어젯밤, 내가 집에 도착했을 때, 세르히오는 없었다. 나는 그에게 전화를

해봤지만, 그는 받지 않았다. 그래서 나는 걱정하기 시작했다. 나는 거리로 나가 마요르 광장 쪽으로 걸었다. 왼쪽으로 돌아, 시청 앞을 지나 그가 좋아하는 카페까지 계속 갔다. 그곳에서, 그의 친구들은 나에게 세르히오가 방금 집으로 갔다고 말했다.

UNIDAD 15
Dar instrucciones y aconsejar

듣기   pág. 100

PISTA 25

1. Mis padres viven en el séptimo piso. Yo vivo debajo de ellos.
2. Cuando era estudiante, vivía en Nueva York, en la Cuarta Avenida.
3. A ver, tomen la segunda calle a la derecha, uy, no, la segunda no, la tercera.
4. Esta noche voy a la ópera. No es la primera vez, pero siempre estoy igual de emocionada.
5. En la carrera del fin de semana, Luis llegó primero, Juan fue el tercero y yo… lleguéen quinto lugar.

1. 나의 부모님은 7층에 산다. 나는 그들의 아래층에 산다.
2. 나는 학생이었을 때 뉴욕, 4번가에서 살았다.
3. 자, 오른쪽 두 번째 거리로 가서, 아이고, 아니, 두 번째가 아니라 세 번째 거리로.
4. 오늘 밤 나는 오페라에 간다. 처음은 아니지만 나는 늘 똑같이 감격스럽다.
5. 주말 경주에서 루이스가 첫 번째로 도착했고, 후안은 3등이었다. 나는 다섯 번째로 도착했다.

unidades 13 a 15
PREPARA TU EXAMEN 5

듣기   pág. 102

PISTA 26

• ¡Es muy curioso, Paco, siempre vamos por caminos diferentes. Por ejemplo, para ir a la universidad, cruzo el parque y sigo hacia la izquierda hasta la tercera calle. Giro a la izquierda y voy todo recto hasta la universidad. En cambio, tú…

• En cambio yo, como voy en coche, voy por esta calle, giro la primer a a la izquierda, luego la segunda a la derecha y ya todo recto, paso por delante del ayuntamiento y llego a la universidad.

• 정말 신기해. 파코, 우리는 항상 다른 길로 가. 예를 들면 대학교에 갈 때 나는 공원을 가로질러 세 번째 거리까지 왼쪽으로 가. 그리고 왼쪽으로 돌아서 대학교까지 쭉 직진해. 반면에, 너는……

• 반면에 나는 차로 가기 때문에 이 거리로 가서 첫 번째 거리에서 왼쪽으로 돌아. 그리고 두 번째 거리에서 오른쪽으로 돌지. 그러고는 쭉 직진해서 시청 앞을 지나 대학교에 도착해.

읽기   pág. 102

El verano pasado viajamos por Andalucía. Llegamos a Málaga en avión. Málaga está en la costa. Al día siguiente tomamos un autobús hasta Granada, al noroeste de Málaga. Allí pasamos solo tres días porque teníamos que ir a Córdoba, que está al noreste de Granada. En Córdoba alquilamos un coche y bajamos hacia el suroeste, a Sevilla, pero hacía tanto calor que seguimos más al sur y llegamos a Cádiz. Descansamos unos días y decidimos ir a Tarifa, en el sur. Tomamos el sol y practicamos surf.

작년 여름, 우리는 안달루시아를 여행했다. 우리는 비행기로 말라가에 도착했다. 말라가는 해안에 있다. 다음 날 우리는 말라가의 북서쪽에 있는 그라나다까지 가는 버스를 탔다. 그곳에서 우리는 단지 3일만 지냈다. 왜냐하면 우리는 그라나다의 북동쪽에 위치한 코르도바로 가야 했기 때문이다. 코르도바에서 우리는 차 한 대를 렌트해서 남서쪽을 향해 세비야로 내려갔다. 하지만 날씨가 너무 더웠기 때문에 우리는 남쪽으로 계속 가서 카디스에 도착했다. 그곳에서 우리는 며칠 휴식을 취했고, 남쪽에 있는 타리파에 가기로 결정했다. 우리는 일광욕 하고 서핑을 했다.

읽기   pág. 103

1. ¿Le gusta el calor, el sol y la playa? ¡Visite Andalucía!
2. Compre los billetes ya, y reserve el hotel con nosotros: es fácil, seguro y rápido.
3. ¿Quiere reservar una habitación? Haga su reserva ahora mismo. Complete el formulario y envíe sus petición.
4. Ponga las fechas en las que desea la habitación.
5. Si necesita un coche, no hay problema: solicite el modelo que quiere y viaje tranquilamente por toda Andalucía.

1. 당신은 더위와 태양, 해변을 좋아합니까? 안달루시아에 방문하세요!
2. 이제 표를 구매하시고, 우리와 함께 호텔을 예약하세요. 쉽고 안전하고 빠릅니다.
3. 방을 예약하고 싶으신가요? 지금 바로 예약하십시오. 이 서식을 채워 당신의 요청 사항을 보내세요.
4. 방을 원하는 날짜를 쓰세요.
5. 만약 당신이 차가 필요하다면, 문제없습니다. 당신이 원하는 모델을 신청하고 안달루시아 전역을 편안하게 여행하세요.

Claves

UNIDAD 1
Comprar ropa

1
1. Estrella   2. Carlos   3. Anabel   4. Isabel
5. Cristina   6. Juan   7. Sofía   8. Felipe

2
1. camisa, azul, azules
2. pantalones, rosas, rosa
3. cazadora, marrón, marrones
4. falda, naranja, naranja
5. corbata, verde, verdes
6. camiseta, morada, morados

3
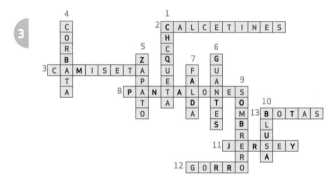

4
1. b   2. c   3. a

5
1. yo - i. mi - 1. el mío
   yo - i. mi - 8. la mía
   yo - k. mis - 14. los míos
   yo - k. mis - 19. las mías

2. tú - f. tu - 5. la tuya
   tú - f. tu - 10. el tuyo
   tú - n. tus - 9. las tuyas
   tú - n. tus - 18. los tuyos

3. nosotros - c. nuestras - 2. las nuestras
   nosotros - e. nuestro - 13. el nuestro
   nosotros - g. nuestra - 4. la nuestra
   nosotros - l. nuestros - 17. los nuestros

4. él - d. sus - 3. las suyas
   él - d. sus - 16. los suyos
   él - j. su - 6. el suyo
   él - j. su - 12. la suya

5. ellos - d. sus - 3. las suyas
   ellos - d. sus - 16. los suyos
   ellos - j. su - 6. el suyo
   ellos - j. su - 12. la suya

6. nosotras - c. nuestras - 2. las nuestras
   nosotras - e. nuestro - 13. el nuestro
   nosotras - g. nuestra - 4. la nuestra
   nosotras - l. nuestros - 17. los nuestros

7. usted - d. sus - 3. las suyas
   usted - d. sus - 16. los suyos
   usted - j. su - 6. el suyo
   usted - j. su - 12. la suya

8. ellas - d. sus - 3. las suyas
   ellas - d. sus - 16. los suyos
   ellas - j. su - 6. el suyo
   ellas - j. su - 12. la suya

9. vosotros - a. vuestra - 15. la vuestra
   vosotros - b. vuestras - 11. las vuestras
   vosotros - h. vuestro - 7. el vuestro
   vosotros - m. vuestros - 20. los vuestros

10. ella - d. sus - 3. las suyas
    ella - d. sus - 16. los suyos
    ella - j. su - 6. el suyo
    ella - j. su - 12. la suya

11. vosotras - a. vuestra - 15. la vuestra
    vosotras - b. vuestras - 11. las vuestras
    vosotras - h. vuestro - 7. el vuestro
    vosotras - m. vuestros - 20. los vuestros

12. ustedes - d. sus - 3. las suyas
    ustedes - d. sus - 16. los suyos
    ustedes - j. su - 6. el suyo
    ustedes - j. su - 12. la suya

6
1. Aquello es un paraguas.
2. Eso es una camiseta.
3. Esto es un abrigo.

7
1. Es verde.
2. Es naranja, de algodón y moderno.
3. Muy elegantes de cuero negro.
4. Gris y de lana.
5. Lleva una falda corta de rayas, una blusa blanca de seda y unas sandalias.

8
1. no es mío. El mío es marrón.
2. No, no son suyos. Los suyos son azules.
3. No, no es mía. La mía es roja.
4. No, no son nuestros. Los nuestros son negros.
5. No, no son suyos. Los suyos son verdes.

9
1. de la talla   2. naranjas   3. Mi
4. Quería   5. sol   6. cuesta

UNIDAD 2
Hablar del presente

1

	Infinitivo
1. despierta	despertar
2. comienza	comenzar
3. empiezan	empezar
4. cierra	cerrar
5. calientan	calentar

2
1. Juan cierra la puerta con llave.
2. Los obreros empiezan a trabajar temprano.
3. El espectáculo comienza a las nueve.
4. El perro despierta al niño.
5. Los camareros calientan la comida.

3
1. La película - b. empieza - I. a las 21:00
   La película empieza a las 21:00.
2. Ana cierra - d. la puerta - II. de la casa
   Ana cierra la puerta de la casa.
3. El bebé - f. despierta - III. a sus padres
   El bebé despierta a sus padres.
4. Pienso - e. en mis - V. vacaciones
   Pienso en mis vacaciones.
5. Mi madre calienta - a. la leche - IV. para el desayuno.
   Mi madre calienta la leche para el desayuno.
6. Los alumnos piensan - c. hacer - VI. los ejercicios de gramática
   Los alumnos piensan hacer los ejercicios de gramática.

4

DESPERTARSE	SENTARSE
me despierto	me siento
te despiertas	te sientas
se despierta	se sienta
nos despertamos	nos sentamos
os despertáis	os sentáis
se despiertan	se sientan

5
1. R, contestáis   2. R, enseñan
3. I, calientas   4. I, piensan
5. R, terminamos   6. I, cierra
7. I, se sienta   8. R, necesito

6
1. Cierro, me siento
2. se sienta, empieza
3. Os despertáis, os peináis
4. pienso, Comienza
5. Nos despertamos, empezamos
6. Pensamos
7. Calientas
8. Te sientas

7
1. d   2. f   3. a   4. b   5. c   6. e

8
1. contigo
2. para ti
3. en ti
4. para mí, para usted
5. conmigo
6. conmigo
7. para ellos, con nosotros
8. contigo, conmigo

9
1. Piensa en las clases de baile.
2. (Se despierta temprano) Porque empieza a trabajar también temprano.
3. Sueña con ser futbolista.
4. Teresa empieza a las ocho y yo empiezo a las siete y media.
5. (No te puedes sentar en esta silla) Porque es donde se sienta el abuelo.
6. Los niños meriendan un bocadillo, pero yo meriendo fruta.
7. No, no lo encierran.
8. Cierra bien la puerta.

Claves

10
1. pienso en ellos.
2. Es de ella/Es suyo.
3. no es para mí.
4. Viaja conmigo.
5. son para ti.
6. Son para nosotros.

11
1. en
2. me
3. ø, a
4. mío
5. contigo
6. al

UNIDAD 3
Contar actividades de la familia

1
1. V
2. F, Merienda después de su clase.
3. F, Se acuerda de una canción.
4. F, Los niños se acuestan a las once de la noche.
5. V

2
1. tú / contar
2. él, ella, usted / empezar
3. yo / recordar
4. ellos, ellas, ustedes / costar
5. él, ella, usted / volar
6. tú / soñar
7. ellos, ellas, ustedes / comenzar
8. yo / acostarse
9. ellos, ellas, ustedes / encontrar
10. vosotros, vosotras / jugar

3
1. recuerdo
2. juego
3. sueño
4. cuento

4
1. pienso comprarlo. / lo pienso comprar.
2. no comenzamos a estudiarla. / no la comenzamos a estudiar.
3. empiezo a prepararla. / la empiezo a preparar.
4. no pensamos mandarlo. / no lo pensamos mandar.
5. empiezo a memorizarla. / la empiezo a memorizar.
6. no pensamos visitarlo. / no lo pensamos visitar.

5
1. Cuento
2. encuentra
3. Te acuerdas
4. recuerdan
5. Nos acostamos
6. juegan
7. Muestran
8. se acuerda
9. Me acuesto
10. cuenta
11. cuenta
12. encontramos
13. se acuestan

6
1. te invito.
2. no lo acompaño.
3. te llamo.
4. no la prepara.
5. la veo.
6. no las recuerdo.
7. lo leo.
8. no lo vendemos.
9. lo escuchan/escuchamos.
10. no os acompañamos.
11. lo acuesto.
12. los muestra.
13. no lo cuenta.

7
1. Cuentas / la cuento.
2. Abrís / no las abrimos.
3. acuesta / Lo acuesto
4. Encuentras / no las encuento.
5. Preparan / lo preparan.
6. Venden / no los vendemos.

8
1. ¿De quién se acuerda Lola?
2. ¿Encuentra Luis su pasaporte?
3. ¿Os acordáis de Armando?
4. ¿De qué se acuerda?

9
1. almuerzan / Almuerzan
2. te despiertas / Me despierto
3. calienta / Calienta
4. compran / Compran
5. sueña / Sueño
6. te acuerdas / Me aucerdo
7. piensa / Pienso
8. Os acordáis / no nos acordamos
9. se sientan / Nos sentamos
10. muestra / Muestra
11. vuelan / Vuelan

10 1. b   2. c   3. a   4. c   5. a

unidades *1 a 3*
PREPARA TU EXAMEN 1

1 1. b   2. d   3. j   4. a
     5. g   6. k   7. e   8. h

2
1. de, para   2. a
3. que   4. de
5. con, conmigo   6. ø, ø
7. para, para   8. a, con
9. Me, de   10. en

3 1. b, d   2. c   3. a   4. a   5. c

UNIDAD 4
Hablar del aprendizaje

1

		Infinitivo
1.	hago	hacer
2.	pongo	poner
3.	conozco	conocer
4.	traigo	traer
5.	ofrezco	ofrecer

2
1. Traigo un regalo para María.
2. Ofrezco café a los invitados.
3. Pongo los cuadernos sobre la mesa.

4. Conozco a tus amigos muy bien.
5. Hago ejercicios todos los días.

3
1. En su oficina.
2. A llevar a los niños al colegio.
3. En la universidad.
4. Es profesor de francés.
5. Están sobre la mesa de Isabel.

4
1. un bolígrafo   2. un lápiz
3. un clip   4. unas tijeras
5. una goma   6. un cuaderno
7. una regla   8. una impresora
9. un ordenador   10. un escritorio
11. una grapadora

5
1. F, Es maestro en una escuela infantil.
2. V
3. V
4. F, trabaja en una escuala internacional con estudiantes de todo el mundo.

6
1. I, quiero, quieren
2. R, vendes, vendemos
3. I, resuelve, resuelven
4. I, cree, creéis
5. I, veo, ven
6. R, lee, leen
7. R, comes, comemos
8. I, puede, podéis
9. I, agradezco, agradecen
10. I, crece, crecéis
11. I, enciende, encienden
12. I, ofrezco, ofrecemos

7
1. vuelves, Vuelvo
2. enciende, enciendo, quiero
3. haces, Hago

8
1. ¿A qué hora volvéis a casa?
   Volvemos a las 7:00.
2. ¿Por qué encienden ustedes la luz?
   La encendemos porque queremos leer.
3. ¿Qué hacéis los domingos?
   Hacemos los deberes para el lunes.

Claves

9
1. quiero comprarla. / la quiero comprar.
2. no puede ponerlo. / no lo puede poner.
3. queremos verlos. / los queremos ver.

10
1. Ves, la veo.
2. Trae, lo traigo.
3. Pones, no la pongo.
4. Leen, los leen.
5. Hace, las hago.
6. Conoces, la conozco.

11
1. No, lo devuelve.
2. No, las deshacemos.
3. No, la enciendo.

12
1. Lo llevo en su bolso.
2. Porque no lo entienden.
3. Lo tiene mañana.
4. Lo quiere el hombre.
5. Lo termina Luis.

13
1. e   2. c   3. a   4. b
5. f   6. d   7. g

UNIDAD 5
Moverse por la ciudad

1
1. Pasean por la calle.
2. No, hay pocas casas con jardín.
3. No, prefiere el metro, porque hay mucho tráfico.
4. En la plaza, frente al ayuntamiento y al lado de la iglesia.
5. Vienen del mercado.

2
1. fuente, ayuntamiento
2. puente
3. parada, autobús
4. cine
5. mercado
6. farmacias
7. hacen la compra, supermercado
8. coches
9. centro, rascacielos, edificios

3

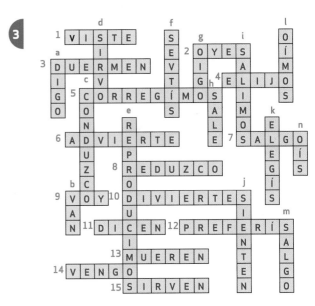

4
1. prefiere, Prefiero
2. venís, Venimos
3. produce, Produce
4. os reís, Nos reímos
5. vas, Voy

5
1. sigue   2. dice, Digo
3. dormimos   4. vais, vamos
5. pides, Pido

6
1. b (piden), 2   2. h (eligen), 3
3. c (duerme), 7   4. g (repiten), 8
5. f (divierte), 5   6. d (conduce), 1
7. a (se viste), 6   8. e (corrige), 4

7
1. Oyes, no lo oigo
2. Traduce, lo traduzco
3. Reducen, no los reducimos
4. Conduces, lo conduzco

8
1. Pido   2. pregunta
3. pregunta   4. pedimos
5. preguntan   6. preguntan
7. pido   8. pido

9
1. dice, oye
2. dicen, se divierten, se ríen
3. Digo, corrigen
4. Decimos, preferimos

UNIDAD 6
Hablar de gustos y preferencias

1

1. tortilla de patata
2. yogur
3. vinagre
4. aceite
5. helado
6. azúcar
7. atún
8. queso
9. salmón
10. salchichón
11. jamón
12. carne
13. pollo
14. huevo
15. cereales
16. pasta
17. mantequilla
18. pan
19. sal
20. arroz

2

1. A mí me gusta el aceite, pero tú prefieres la mantequilla.
2. A él le gusta el arroz con tomate, pero ella prefiere la pasta.
3. A vosotros os gusta la carne, pero yo prefiero el pescado.
4. A usted le gusta el queso, pero nosotros preferimos el jamón.
5. A ti te gusta el helado de fresa, pero él prefiere el yogur.

3

1. No, no me gustan. Prefiero
2. No, no nos gusta. Preferimos
3. No, no le gustan. Prefiere
4. No, no me gusta. Prefiero
5. No, no nos gustan. Preferimos

4

1. e, 1 / Prefiero pedir algo ligero para comer.
2. f, 3 / Ana prefiere no decirles nada a sus padres.

3. a, 5 / Prefiero no ver a nadie mientras como.
4. d, 4 / A Juan le gusta comer alguna manzana a media tarde.
5. b, 2 / Prefieren volver a casa con alguien que tiene coche.
6. c, 6 / De primero, prefiero tomar algún plato vegetariano.

5

1. nada	2. ninguno	3. ningún
4. nadie	5. ninguna	

6

1. conozco a nadie.
2. sabe hacer nada.
3. tiene ninguno.
4. tengo ninguna.
5. tienen nada.
6. tengo nada.
7. compro ninguno.
8. lees ninguna.
9. conocen a nadie.
10. prueba ninguno.

7

1. F	2. V	3. F	4. V	5. V
6. F	7. F	8. V	9. V	10. F

8

1. f	2. a	3. b	4. e	5. g
6. c	7. d			

9

1. b	2. c	3. b	4. a	5. b
6. c				

unidades *4 a 6*
PREPARA TU EXAMEN 2

1

a. 2	b. 5, 8	c. 6, 8
d. 2, 3, 6, 7	e. 4, 7	

2

a. 3	b. X	c. 6	d. 7	e. 8
f. 2	g. 5	h. X	i. 1	j. X
k. 4	l. X			

3

1. Defiende, f
2. encienden, b
3. pierde, h
4. ofrezco, a
5. obedezco, c
6. pongo, g
7. conduzco, e
8. prefiere, d

Claves

UNIDAD 7
Ir al médico

1

```
O D S U F T U H B R A Z O A J  I S
D O B O C A O H B A T D C B P E O
E O M N S T I P E I R O A F U S I
D S J M G T A E C H O C R E M P E
O I B O P F I L T L F A U F A U
P E H O M B R O L P G I A E G L F
A M B T D S S I R P P B M A A D T
T M A N O E B U I A M U Ñ E C A U
I A N S O O H J O I I N S X N G D
P Y I C T R I T N A R I Z V Q E Z
E M J R O D I L L A E D O Y G J C
C U E L L O A T L C A B E Z A J S
A O T Z G N S S C O L O I T S E A
```

1. brazo	2. boca	3. hombro
4. mano	5. muñeca	6. nariz
7. rodilla	8. cuello	9. cabeza
10. dedo	11. pelo	12. cara
13. espalda	14. ojo	15. tobillo

2

1. a, c, f, h, j	2. e, g, i, l	3. b, d, i, k

3

1. oreja	2. hombro	3. mano
4. pierna	5. pie	6. tobillo
7. rodilla	8. codo	9. cuello
10. cabeza		

4

1. d, 1	2. a, 4	3. e, 6
4. b, 5	5. e, 6	6. c, 2
7. f, 3	8. b, 5	9. e, 6
10. b, 5		

5

1. me duele.	2. no le duelen.
3. nos duele.	4. no le molesta.
5. me fascina.	6. les duelen.
7. no me molestan.	8. nos interesan.
9. no nos duele.	

6

1. Te gusta, puedo, me duele
2. Os gusta, nos gusta, podemos, nos duelen
3. Le gusta, me encanta, puedo, me pican
4. Les gustan, Les fascinan, pueden, le duele
5. Les interesa, queremos, nos duele
6. Le gusta, puede, le duele

7

1. Porque quiere pedir cita.
2. Está cansada y le duele la cabeza.
3. Porque trabaja demasiado y le pican los ojos.
4. Le duelen los pies.
5. Le duele la espalda, porque no está sentada correctamente.

8

(1) pasa	(2) siento	(3) duele
(4) toso	(5) puedo	(6) duele
(7) duele	(8) Tiene	(9) Tengo
(10) duelen	(11) duele	

UNIDAD 8
Describir el carácter

1

1. aburrido - divertido
2. culto - inculto
3. generoso - tacaño
4. tranquilo - nervioso
5. mentiroso - sincero
6. simpático - antipático
7. tímido - extrovertido
8. vago - trabajador

2

1. exigente, trabajador, divertido
2. encantador, amable, inteligente
3. tímidos, simpáticos, divertidos
4. alegres, divertidas, desagradables
5. tímida, trabajadora

3

1. a   2. b   3. a   4. a   5. b   6. b

4

1. es generoso.
2. es pesimista.
3. son tontos.
4. es vaga.
5. son infieles.
6. es responsable.
7. es falso/mentiroso.
8. es divertida.
9. son muy nerviosos.
10. son muy cobardes.

5
1. Sí, pero Paula es más trabajadora.
2. Sí, pero Ana es más divertida.
3. Sí, pero vosotros sois más generosos.
4. Sí, pero José y Óscar son más alegres.
5. Sí, pero su hermana es más cariñosa.

6
1. Sí, pero soy menos tímido que mi hermano.
2. Sí, pero es menos amable que José y Ana.
3. Sí, pero somos menos sociables que nuestros amigos.
4. Sí, pero soy menos optimista que usted.
5. Sí, pero son menos antipáticos que aquellos.

7
1. Juan es tan cariñoso como Elena.
2. Trabajas tanto como yo.
3. Ana es tan divertida como sus hermanos.
4. Ellos aprenden tan fácilmente como vosotros.
5. Mi primo es tan exigente como tú.

8
1. mayor. 2. menor.
3. mejor. 4. peor.

9
1. es muy inteligente. Es inteligentísima.
2. es muy fácil. Es facilísimo.
3. son muy guapos. Son guapísimos.
4. es muy alto. Es altísimo.

10
1. F, Isabel es la más generosa.
2. F, Es tan alegre como su novio.
3. V
4. F, Son más tímidas que ellos.
5. V

11
1. son simpatiquísimos.
2. es viejísima.
3. está tristísimo.
4. son agradabilísimos.
5. es buenísimo.
6. son pequeñísimas

12
1. el menos 2. tanto como
3. más 4. más
5. igual de 6. los más

UNIDAD 9
Hablar de actividades actuales y deportes

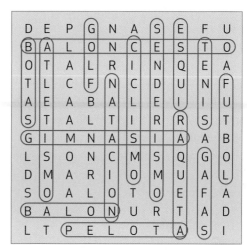

1. baloncesto a. balón
2. gimnasia b. pelota
3. atletismo c. botas
4. natación d. raqueta
5. ciclismo e. gafas
6. senderismo
7. esquí
8. tenis
9. fútbol
10. golf

2
1. g, tenis 2 c, golf
3. a, fútbol 4. b, natación
5. d, senderismo 6. f, ciclismo
7. h, gimnasia 8. e, baloncesto

3
1. están jugando al tenis.
2. está jugando al fútbol.
3. está montando en bici(cleta).
4. estamos corriendo.
5. estoy nadando.
6. estáis jugando al baloncesto.

4
1. El tenis, el baloncesto / Atletismo, natación
2. Fútbol / Fútbol, esquí, senderismo
3. Esquí / No, no le gusta, prefiere el senderismo.
4. Golf / Tenis.

Claves

5
1. Estoy jugando
2. Están corriendo
3. Estamos escribiendo
4. Está preparando
5. Estamos leyendo
6. Estoy yendo
7. Estoy viendo

6
1. Ana lo está ganando. / Ana está ganándolo.
2. Carlos lo está viendo. / Carlos está viéndolo.
3. Felipe lo está haciendo. / Felipe está haciéndolo.
4. Juan lo está corriendo. / Juan está corriéndolo.
5. Juan y Lola se las están poniendo. / Juan y Lola están poniéndolas.

7
1. Duermen la siesta.
   Están durmiendo la siesta.
2. Nos divertimos mucho.
   Nos estamos divirtiendo mucho.
3. Repiten las frases.
   Están repitiendo las frases.
4. Vestís a los niños.
   Estáis vistiendo a los niños.
5. Pido la cuenta.
   Estoy pidiendo la cuenta.
6. Sirve la comida.
   Está sirviendo la comida.
7. Dice algo interesante.
   Está diciendo algo interesante.

8
1. Sí, los está leyendo. / Sí, está leyéndolos.
2. No, no se está duchando. / No, no está duchándose.
3. Cristina las está comprando. / Cristina está comprándolas.
4. El entrenador las está explicando. / El entrenador está explicándolas.
5. No, los invitados lo están sirviendo. / No, los invitados están sirviéndolo.
6. Sí, me estoy entrenando. / Sí, estoy entrenándome.

unidades 7 a 9
PREPARA TU EXAMEN 3

1
1. 4   2. 7   3. 8   4. 1   5. 6

2
1. c   2. c   3. d   4. c   5. b

3
1. d   2. h   3. i   4. f   5. a
6. g   7. b

UNIDAD 10
Planificar viajes

1
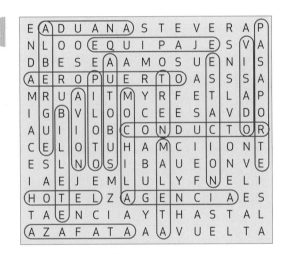

1. aduana   2. equipaje   3. aeropuerto
4. conductor   5. hotel   6. agencia
7. azafata   8. albergue   9. billete
10. avión   11. piloto   12. autobús
13. mochila   14. tren   15. maleta
16. estación   17. visado   18. pasaporte

2
1. Juan sale de Toledo mañana.
2. Juan sale de vacaciones.
3. Juan sale de viaje.
4. Juan sale con antelación al aeropuerto.
5. Juan sale con retraso a todas partes.
6. Juan sale a las 9:00.
7. Ana llega de Toledo mañana.
8. Ana llega de viaje.
9. Ana llega con antelación al aeropuerto.
10. Ana llega con retraso a todas partes.

11. Ana llega a Toledo mañana.
12. Ana llega a las 9:00.

3
1. voy a ir
2. vamos a viajar
3. vamos a cenar
4. va a pasar
5. voy a salir

4
1. va a ducharse ya. / se va a duchar ya.
2. no vamos a levantarnos temprano. / no nos vamos a levantar temprano.
3. no voy a presentarme. / no me voy a presentar.
4. voy a ponerme elegante. / me voy a poner elegante.
5. no voy a acostarme tarde. / no me voy a acostar tarde.

5
1. Vamos a comprar los billetes de tren.
2. No van a a viajar en avión.
3. Vais a visitar los sitios arqueológicos.
4. Voy a reservar una habitación.
5. No van a alquilar una casa rural.
6. El avión va a despegar dentro de poco.
7. El tren va a llegar con retraso.
8. No voy a ir a Barcelona.
9. Vamos a pedir el visado para ir a China.
10. Van a recoger el equipaje.

6
1. compra, va a comprar
2. Suelo, voy a llevar, voy a poder
3. llamamos, vamos a llamar, va a ir
4. viajan, van a alquilar, van a pasar

7
1. Sí, voy a llevármela. / Sí, me la voy a llevar.
2. Sí, vamos a comprárnosla. / Sí, nos la vamos a comprar.
3. Sí, van a dárnoslo. / Sí, nos lo van a dar.
4. Sí, vamos a ponérnoslo. / Sí, nos lo vamos a poner.

8
1. ¿Vas a comprar el billete de ida y vuelta?
2. ¿Van/Vais a facturar las maletas ahora?
3. ¿Va a pasar la aduana?
4. ¿Van a alquilar un coche?

9
1. ¿Por qué no los vas a llamar?
   No los voy a llamar porque van a ir al aeropuerto.
2. ¿Por qué no vais a viajar en tren?
   No vamos a viajar en tren porque vamos a alquilar un coche.

3. ¿Por qué no van a reservar una habitación en un hotel?
   No vamos a reservarla porque vamos a ir a un albergue.
4. ¿Por qué no nos vas a mandar postales?
   No os las voy a mandar porque os voy a mandar fotos por Internet.
5. ¿Por qué no van a ir de vacaciones en agosto?
   No van a ir de vacaciones en agosto porque van a ir a esquiar en febrero.

10
1. No, no va a comprarla.
2. Va a buscarlo mañana.
3. Va a facturarlas.
4. Porque es muy interesante.
5. Va a reservarlas esta tarde.

11
1. alquiler
2. aterrizaje
3. despegue
4. facturación
5. ida
6. llegada
7. organización
8. reserva
9. salida
10. viaje
11. vuelo
12. vuelta

UNIDAD 11
Hablar de las vacaciones

1
1. ver
2. hablar
3. hacer
4. decir
5. romper
6. viajar
7. poner
8. resolver
9. abrir
10. beber
11. morir
12. comer
13. volver
14. salir
15. vivir
16. escribir

2
1. ha comido
2. he salido
3. hemos ido
4. he visitado
5. han viajado
6. ha hecho
7. he escrito

3
1. aún (todavía) no la he visitado.
2. aún (todavía) no lo he envuelto.
3. aún (todavía) no la hemos escrito.
4. aún (todavía) no lo he visto.

4
1. También lo he resuelto.
2. Tampoco la he visitado.
3. Tampoco lo hemos llamado.

135

Claves

4. Ana también ha vuelto.

5. José tampoco ha roto nada.

6. También las hemos hecho.

7. Tampoco la he reservado.

8. Tampoco la he visto.

5
1. Has leído / No, no he leído ninguna.
2. Ha visitado / No, todavía no lo he visitado.
3. Has resuelto / No, aún no lo he resuelto.
4. Habéis estado / No, jamás hemos estado en Grecia.
5. Han hecho / Sí, ya la hemos hecho.
6. Han vuelto / No, todavía no han vuelto.

6
1. ya la he comprado.
2. aún (todavía) no la he/ha comprado.
3. ya lo hemos escrito.
4. aún (todavía) no las hemos/han reservado.
5. ya me la he comprado.
6. ya nos lo han dicho.
7. aún (todavía) no las he puesto.
8. ya lo he leído.

7
1. No, no lo ha visto.
2. Carlos ha estado en Sevilla.
3. Ha ido con Juan y con Lola.
4. Ha visitado los museos.
5. Ha visitado el parque de María Luisa y la catedral.
6. Sí, ya ha estado.
7. Cada noche han hecho cosas diferentes.
8. Ha estado estudiando.

8
(1) han decidido	(2) Se han levantado
(3) han desayunado	(4) han comprado
(5) han ido	(6) han mirado
(7) han seguido	(8) han comido
(9) han dormido	(10) ha jugado
(11) han leído	(12) se han perdido
(13) se han encontrado	(14) han indicado
(15) Han llegado	

9
1. ha sido	2. han sido
3. ha sido	4. ha estado
5. han estado	6. ha sido
7. hemos estado	

10
1. c	2. c	3. b
4. c	5. b	6. b

UNIDAD 12
Describir en pasado

1
1. la lluvia	2. el desierto
3. el océano	4. el continente
5. el ecuador	6. el calor
7. la humedad	8. la nube
9. la sequía	

2
1. un árbol.	2. el cielo.
3. el viento.	4. la flora.
5. el bosque.	6. una isla.
7. la arena.	8. la fauna.

3
1. F, Jugaba en el jardín de un amigo.
2. F, No le gustaba, pero lo hacía.
3. V
4. F, Les gustaba ver el deporte en la tele.

4
1. era, vivía, estudiaba
2. brillaba, hacía, hacía, era
3. Había, se bañaban, tomaban
4. íbamos, era, Nos quedábamos
5. Veíais, salíais, Vivíais

5
1. era, tenía, hacía, despertaba, se levantaba, me quedaba, se duchaba
2. me vestía, me ponía, iba, Desayunábamos, me lavaba, subíamos, llevaba, empezaba
3. volvía, vivía, Merendábamos, salíamos, Montábamos, corríamos, estábamos, nos sentábamos, había
4. volvíamos, Hacía, ayudaba, gustaban, entendía, encantaba, Era, sacaba

6
1. La tienda en la que trabajaba Ana estaba en el centro.
2. El sendero que seguíamos era muy largo.
3. El hotel del que hablaba era muy caro.
4. El restaurante en el que comíais era muy bueno.
5. Los hombres con los que hablaban eran cubanos.

6. La calle desde la que te llamaba era muy ruidosa.
7. El camping en el que estaba Juan estaba cerca del mar.
8. Las chicas de las que nos hablaban eran simpáticas.
9. El amigo con el que iba al cine era chileno.
10. El pueblo por el que pasábamos era pequeño.

7
1. Vivía en un pueblo de Andalucía. El tiempo en invierno y primavera era agradable, pero en verano hacía mucho calor. Iba al mar.
2. Vivía en Venezuela y hacía un tiempo tropical. Iban a la montaña.
3. Vivía en el norte de México. Hacía muchísimo calor. Se quedaba en casa.
4. Vivían al sur de México, cerca de la capital. El clima era templado. Pasaban mucho tiempo en el jardín.

8
1. seco   2. templado
3. soleado   4. caluroso

9
1. me he puesto, hacía
2. ha nevado, podían
3. he llegado, había
4. he acabado, ha parecido

10
1. c   2. b   3. b   4. b   5. a

unidades 10 a 12
PREPARA TU EXAMEN 4

1
1. Vas a ir, he ido
2. Habéis estado, hemos estado, vamos a ir
3. Vivían, vivían, vivían
4. has llegado, he llegado
5. van a comprar, hemos comprado

2
la playa: 1, 5, 8, 11, 15
el bosque: 3, 9, 10, 14
la ciudad: 2, 7, 12, 16, 18
el aeropuerto: 4, 6, 13, 17

3
1. d   2. b   3. d   4. c

UNIDAD 13
Contar la historia

1
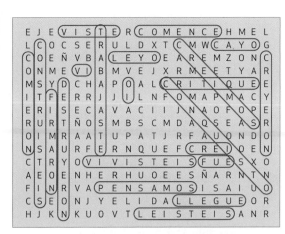

Yo:
1. comencé, comenzar
2. vi, ver
3. critiqué, criticar
4. creí, creer
5. llegué, llegar
6. oí, oír

Tú:
7. viste, ver
8. trabajaste, trabajar

Él/ella/usted:
9. fue, ser/ir
10. cayó, caer
11. leyó, leer
12. conquistó, conquistar

Nosotros/as:
13. pensamos, pensar
14. creímos, creer

Vosotros/as:
15. vivisteis, vivir
16. leísteis, leer
17. construisteis, construir

Ellos/ellas/ustedes:
18. comieron, comer
19. firmaron, firmar
20. destruyeron, destruir
21. creyeron, creer

2
1. invadiste   2. quedamos
3. viví   4. construisteis
5. empezó   6. iniciaron
7. nació   8. organizamos
9. tomaste   10. inspiraron
11. tomé   12. acabasteis

3
1. Viajé   2. organizaron
3. viajamos   4. Visitamos
5. estuvimos   6. vimos
7. me gustaron   8. les gustaron
9. compré, compraron, compró
10. vovieron, volví

Claves

4
1. invadieron, quedó
2. vivieron, Construyeron
3. empezaron, se inició
4. nació, Luchó, tomó, inspiró
5. tomaron, terminó

5
1. llamaron
2. nació
3. se casaron, recibió, unieron
4. impulsaron, permitió
5. decidieron, pagaron

6
1. Cristóbal Colón llegó a América.
2. Los tres barcos de Colón salieron de Andalucía hacia América.
3. Escribió a los Reyes Católicos.
4. En las Indias.
5. Aumentó el intercambio con América y nuevos productos llegaron a Europa.

7
1. extendieron, c
2. alcanzaron, b
3. elaboraron, b
4. construyeron, c
5. crearon, a

8
1. c (abrieron), 1
2. d (conquistaron), 2
3. a (viajó), 3
4. e (gobernó), 4
5. b (dominaron), 5

UNIDAD 14
Orientarse en la ciudad

1
1. centro
2. sur
3. norte
4. oeste, este
5. noroeste, sureste
6. noreste, norte, este

2
1. b
2. a
3. c
4. a
5. b

3
1. que + infinitivo
2. que + infinitivo
3. a + infinitivo
4. ø + infinitivo
5. de + infinitivo
6. a + infinitivo

4
1. Puedes
2. tienes
3. podemos, Tenemos
4. podemos, hay
5. acaba de
6. vuelven a
7. empiezan a, volvemos a
8. Tengo, Acabo de, puedo

5
1. A Palencia.
2. Cómo llegar a su casa.
3. A la derecha.
4. No, vive en Valladolid. A las afueras.
5. No, las ha entendido mal.
6. En el sur de Palencia.

6
Diálogo 1: 7-5-3-6-2-1-4
Diálogo 2: 1-4-3-2-6-7-5

7
1. lejos, tenía que, por delante, todo recto, final
2. hay, plano, necesario, tienes que
3. empecé, hacia, Giré, por delante, seguí, acababa

UNIDAD 15
Dar instrucciones y aconsejar

1
1. d
2. a
3. a
4. c
5. b
6. c
7. a
8. d
9. a
10. b
11. c
12. d
13. d
14. a

2

```
V J Y Q U I N T O D Y H I V O
P H A L O C T I V A D E J O F
R R L U C A J N O V E N O C O
I A S E G U N D O P S T H T B
M S P A B I A O S A D F X U G
E L G E T C H R L A O E B M O
R N A C E Z R U T P S M C D J
O S A T R A C E R O P O O I R
R I T A C C I R O S R X C D M
T A R D E C I M O E C I T P H
O R T Z R R I I M X J A A U G
S T A G O T O I P T M R V S B
C L V L A D S E P T I M O T A
```

138

1. primero
2. segundo
3. tercero
4. cuarto
5. quinto
6. sexto
7. séptimo
8. octavo
9. noveno
10. décimo

3
1. cuarto
2. primer
3. tercer
4. sexto
5. quinto

4
1. tercera
2. tercero
3. tercer, primero
4. primera
5. quinto

5
1. Dúchate antes de salir de casa.
2. Sé puntual.
3. Si tienes dudas, pregunta a tu profesora.
4. Haz todos los ejercicios.
5. Si conoces las respuestas, responde a las preguntas.
6. Escucha a tus profesores.
7. Al final de la clase, recoge tus cosas.
8. Para volver a casa, toma el autobús.

6
1. La sala, organízala.
2. Los documentos necesarios, imprímalos.
3. La presentación, corríjala antes de proyectarla.
4. A los clientes, recíbalos en recepción.
5. El orden del día, léalo.
6. A los clientes, acompáñelos a recepción.

7
1. ¡Levántate!
2. ¡Hacedlos!
3. ¡Súbanlos!
4. ¡Comedlo!
5. ¡Háganlas!
6. ¡Llámala!
7. ¡Preparadla!
8. ¡Fírmelo!

8
1. V
2. F, Vivió en la Cuarta Avenida.
3. F, Tienen que tomar la tercera calle.
4. F, No es la primera vez.
5. F, Luís llegó primero.

9
1. b
2. c
3. c
4. a
5. a
6. c

unidades *13 a 15*
PREPARA TU EXAMEN 5

1
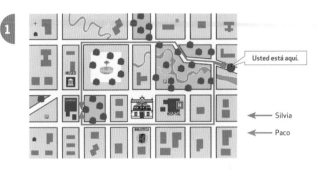
Usted está aquí.
Silvia
Paco

2
(1) viajamos
(2) Llegamos
(3) tomamos
(4) pasamos
(5) teníamos
(6) alquilamos
(7) bajamos
(8) hacía
(9) seguimos
(10) llegamos
(11) Descansamos
(12) decidimos
(13) Tomamos
(14) practicamos

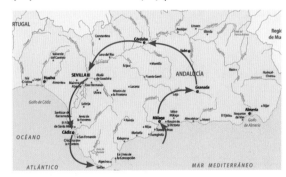

3
1. Visite
2. Compre, reserve
3. Haga, Complete, envíe
4. Ponga
5. solicite, viaje

Notas

3 por uno REPASA
한국어판 **A2**

지은이 Arielle Bitton
편역 권미선
펴낸이 정규도
펴낸곳 (주) 다락원

초판 1쇄 인쇄 2022년 11월 2일
초판 1쇄 발행 2022년 11월 14일

책임편집 이숙희, 오지은, 한지희
디자인 구수정, 박은비

녹음 Bendito Sonido, Alejandro Sánchez Sanabria
사진 출처 123RF

다락원 경기도 파주시 문발로 211, 10881
내용 문의 (02) 736-2031 (내선 420~426)
구입 문의 (02) 736-2031 (내선 250~252)
Fax (02) 738-1714
출판등록 1977년 9월 16일 제406-2008-000007호

3 por uno REPASA A2
© Edelsa Grupo Didascalia, S.A., Madrid, 2017
Korean translation copyright © 2022, DARAKWON
All rights reserved. This Korean edition published by
arrangement with Edelsa Grupo Didascalia, S.A.

값 15,000원
ISBN 978-89-277-3299-0 14770
         978-89-277-3297-6 (set)

http://www.darakwon.co.kr
다락원 홈페이지를 방문하시면 상세한 출판 정보와 함께
MP3 자료 등 다양한 어학 정보를 얻으실 수 있습니다.